LO MEJOR DE CATÓN

LO MEJOR DE CATÓN

ESCOGIDO
—POR—

Armando Fuentes Aguirre

EDITORIAL DIANA
MÉXICO

1a. Edición, Octubre de 2004
3a. Impresión, mayo de 2005

Diseño de portada e ilustraciones interiores: Fernando Llera.

ISBN 968 – 13 – 3903 – 7

DIANA

IMPRESO EN MÉXICO – PRINTED IN MEXICO

Contenido

Contenido

1 | De Babalucas, y de su portentosa estulticia

"...Mi manager me dijo que le metiera a mi rival un gancho..."

Babalucas se metió a boxeador. En su presentación en la Capital de la República, tras un pequeño incidente inicial —su manager le dijo que iba a entrar en la pelea de fondo, y Babalucas subió al ring vistiendo uno de encaje—, su rival lo persiguió por todo el encordado; ensayó en él una infinita variedad de golpes de los inventados por el Marqués de Queensberry; lo hizo sangrar por siete de los nueve orificios naturales de su cuerpo y lo derribó varias veces para la cuenta de protección, todo en el mismísimo primer round.

Tambaleante, acertó apenas Babalucas a llegar a su esquina después de haber pasado por las otras tres. Le pregunta su manager consternado y lleno de inquietud:

—¿Qué te pasa Kid Babas? Dijiste que podías noquearlo con los ojos cerrados.

Sí —replica Babalucas—; lo que pasa es que el maldito no los cierra.

Le cuenta un amigo a Babalucas:

—Estoy desolado. Encontré manchas de aceite en mi recámara. Sospecho que mi mujer me engaña con un mecánico.

—No imagines cosas —lo tranquiliza el badulaque—. El otro día yo encontré a un charro debajo de mi cama. ¿Acaso eso significa que mi mujer me está engañando con un caballo?

Aquella casa conservaba la antigua costumbre navideña: si una chica pasaba por abajo de una rama de muérdago el varón que estuviera más cerca tenía derecho a darle un beso en la mejilla. El dueño de la casa le pregunta a Babalucas:

—¿Verdad que es divertido besar a una chica abajo del muérdago?

—Es cierto —responde el badulaque—. Pero se necesita mucho tiempo para llegar a ese grado de intimidad.

Iba una vendedora con su canasta por la calle. Le dice a Babalucas:

—Vendo huevos.

Contesta burlón el badulaque:

—¡Bonito me voy a ver vendado!

La CIA contrató a tres individuos, entre ellos Babalucas. Después de un intenso entrenamiento el director de la Agencia los reunió en su oficina.

—Están ya preparados para su examen final —les dice—. Es una prueba de obediencia. En tres habitaciones separadas hemos puesto a sus respectivas esposas. Cada uno deberá entrar al cuarto en donde está la suya y matarla con esta pistola. Vaya el primero.

Dice el tipo:

—Amo a mi mujer. Jamás me pasaría por la mente la idea de matarla. Renuncio. —Y así diciendo, se retira.

El director de la Agencia le da la pistola al segundo. El sujeto se dirige hacia la habitación, pero antes de entrar se devuelve:

—No tengo valor para hacer eso. Renuncio también. —Y se va.

—Es tu turno —le indica el Director a Babalucas.

Le da la pistola, y Babalucas entra en la habitación donde su esposa estaba. Se oyen seis tiros, y luego agitación y ruidos. Sale el tonto roque y dice:

—La pistola tenía balas de salva. Tuve que estrangularla.

Babalucas era mesero. Le pregunta un cliente:

—Joven: el espagueti ¿viene solo?

—No, señor —responde el tonto roque—. Yo lo traigo.

—Voy a necesitar una muestra de su orina —le indica el médico a Babalucas—. Llene aquel frasquito que está sobre el estante del rincón.

Responde Babalucas preocupado:

—Pos a ver si la llego, doctor.

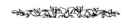

El conferencista hablaba de los agujeros de ozono. Babalucas, que seguía con gran atención la conferencia, se inclina de pronto hacia su compañero y le dice:

—Me estoy aburriendo.

—¿Cómo? —se extraña éste—. Me pareció verte muy atento.

—Sí, —reconoce Babalucas—. Pero es que al principio creí que estaba hablando de una japonesa.

Babalucas, el mayor tonto del condado, le hizo una reclamación a su novia:

—Me dicen que te han visto salir con todos mis amigos —le dice.

—¡No seas tontín, mi vida! —lo tranquiliza ella—. Mira: contigo voy al cine, al teatro, a la disco, al paseo, a todas partes. Con ellos al único lado que voy es al motel.

Pregunta el periodista al boxeador:

—¿Cómo te fue, Kid Babalucas, en tu última pelea?

—Muy mal —responde el púgil con acento lleno de aflicción—. Me descalificaron y además la Comisión de Box me suspendió por ocho meses.

—¿Por qué? —pregunta el otro.

—Mi manager me dijo que le metiera a mi rival un gancho —explica Babalucas.

—Eso no va contra el reglamento —se sorprende el periodista.

—Ya lo sé —responde con gran tristeza el Kid—. Pero el que yo le metí era de ésos para colgar la ropa.

Le pregunta un tipo a Babalucas:

—¿Le gusta a tu mujer hablar durante el acto del amor?

—Mucho —responde Babalucas—. De hecho el otro día me habló desde un motel.

El cuento que sigue a continuación es *au risque de,* es decir, "a riesgo de quien lo lea"...

Llegó Babalucas a una casa de mala nota, y llamó a la puerta. Se abre un ventanillo y asoma la cara la dueña del establecimiento:

—¿Qué quieres? —le pregunta.

—Una mujer —responde Babalucas.

—¿Cuánto traes? —inquiere de nueva cuenta la madama.

—Cien pesos —declara el badulaque.

—Con ese dinero —le informa la propietaria— apenas te alcanza para un placer manual.

—Gracias —dice Babalucas. Y se retira.

Poco después regresa nuevamente.

—¿Qué quieres ahora? —pregunta la madama.

Contesta el tonto roque:

—Vengo a pagar.

2 | De don Poseidón y don Algón; de Rosibel, muchacha pizpireta, y de Afrodisio y otros salaces galanes

"...DON ALGÓN, SALAZ EJECUTIVO, INVITÓ A UNA LINDA CHICA A CENAR..."

A frodisio, galán concupiscente diestro en toda suerte de voluptuosidades, le hizo una invitación a Dulcilí, muchacha ingenua sin ciencia de la vida:

—Vamos a jugar al muerto y al vivo —le propone.

Inquiere Dulcilí con inquietud:

—¿Cómo se juega eso?

Responde Afrodisio lleno de salacidad:

—Tú te acuestas en el suelo y te haces la muerta. Entonces yo me subo arriba de ti y me hago el vivo...

(¡No aceptes, Dulcilí, esa dolosa invitación! Recuerda que "De los abracijos nacen hijos", que "Boca con boca pronto se desboca" y que "Besos y no llegar a más, pocas veces lo verás". Guarda impoluta la gala integérrima de tu doncellez; resérvala para el feliz mortal que te dará mano de esposo. Muchas pobres mujeres prestaron oído a labiosos galanes —y otras cosas también les prestaron—, sólo para verse luego olvidadas por aquellos a cuyas aleves promesas dieron fe. ¡Cómo me dan pena las abandonadas! Si conoces alguna, preséntamela por favor).

La señorita Celiberia, encargada de dar el catecismo, le pregunta a una niña:

—Dime, Rosibelita: ¿sabes qué es un falso testimonio?

—No estoy segura, señorita —responde la pequeña—, pero creo que es algo que se les levanta a los
hombres.

Don Poseidón, señor de edad madura, cortejaba a una
muchacha. Le pregunta su amigo don Algón:
—¿Cómo te ha ido con Rosibel?
—La traigo muerta —responde el salaz viejo.
Le dice don Algón:
—¿Por qué no tomas Viagra?

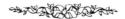

Por primera vez viajaba en tren don Poseidón, labriego acomodado.
En el carro pullman le tocó pasar la noche en litera
alta. En medio de la noche sintió ganas de hacer una
necesidad menor. Medio dormido, pensando que estaba en su cama, bajó la mano para buscar la "nica",
también llamada "taza de noche" o "tibor".
En vez de hallarla, tomó por cierta parte al caballero
que dormía abajo, el cual despertó lleno de sobresalto:
—¡Viejo cochino! —protesta airadamente—. ¡Qui-
te la mano de ahí!
—Perdone, señor —se disculpa lleno de azoro don
Poseidón—. Es que quiero hacer del uno.
—¡Pos haga con lo suyo! —replica justamente indig-
nado el caballero.

Dulcilí era una ingenua muchacha sin ciencia de la vida. Su candidez, vellón de oveja; su virtud, integérrima; un albo lilio su candor.

Iba a tener su primera cita romántica con un muchacho llamado Eroticio, el cual no era bien visto por las madres con hijas jóvenes, pues gozaba en el pueblo fama de lúbrico y salaz.

—Ten cuidado con ese hombre, Dulcilí —le dice la preocupada madre—. Seguramente va a querer aprovecharse de tu inocencia, pues como Catón bien dice, tu candidez es vellón de oveja; tu virtud, integérrima; un albo lilio tu candor. Pretenderá gozar tus atractivos, holgarse con aquellos recónditos encantos que sólo en el tálamo de esposa debes dispensar. No cedas a sus impulsos de libídine. Puedes brindarle, sí, ciertas facilidades: el pez no morderá sin cebo; pero otorga nomás superficialidades accesorias y deja como presea reservada el tesoro mayor de tu feminidad. De la barda lo que quiera, pero de la huerta nada.

Obvio es decir que Dulcilí se quedó en Babia al escuchar aquel discurso. Si yo, que lo escribí, no pude descifrarlo y me vi en la necesidad de pedirle a la mamá de Dulcilí que me lo explicara —sobre todo eso de la barda y la huerta—, bien se comprenderá que la muchacha no haya entendido ni el exordio de aquella perorata.

Así, la señora hubo de ser más expresiva:

—Quiero decirte —añadió—, que el tal Eroticio se te va a querer montar. Si lo dejas te marchitará para siempre la gala de tu honor.

Así, ya bien aleccionada, Dulcilí fue a la cita. Regresó cuando el reloj marcaba ya las 12 de la noche.

Su mamá —de Dulcilí, no del reloj—, que no había ido a la cama por la nerviosidad de que su hija sí hubiera ido, le preguntó cómo le había ido con Eroticio:

—¡Muy bien, mami! —responde con alegría la muchacha—. Tal como me dijiste lo vi con intención de montarse en mí para marchitarme la gala de mi honor. Pero me le adelanté. ¡Me le monté yo y le marchité la gala de su honor!

Don Algón, salaz ejecutivo, invitó a una linda chica a cenar.

Su intención era aviesa; tenía propósitos de lubricidad.

Se arriscó don Algón al ver que en el restaurante la muchacha pedía los platillos más caros de la carta, y además con gula insólita: pidió un aperitivo, dos sopas, tres ensaladas, cuatro platos fuertes, cinco postres, y luego seis licores bajativos de los de mayor precio. Para rematar aquel banquete pantagruélico solicitó un cafecito —expresso, solamente— pues le había quedado, dijo, un huequito en el estómago.

—Oye, linda —le pregunta amoscado el invitador a la gargantera—, ¿así te dan de comer en tu casa?

—No —responde la muchacha—. Pero en mi casa nadie tiene intención de follarme después de cenar.

En el asiento de atrás del automóvil el ardiente galán trataba de convencer a su dulcinea, muchacha llena de escrúpulos y de temores:

—Vamos, Rosibel —le dice, meloso—. ¿No ves cómo la flor del amor abre sus pétalos? ¿Por qué con tu desvío e indiferencia haces que se marchite esa flor?

Replica Rosibel:

—La flor, como sea. A lo que le tengo miedo es al fruto.

Libidio, lúbrico galán, le propone a Rosilí, muchacha ingenua:

—Vamos al jardín. Quiero besarte en lo oscurito.

—¡Ah, no! —protesta ella—. ¡Si quieres besarme tendrá que ser en los labios!

Rosibel, muchacha pizpireta, le contó a una amiga:

—Salí con un muchacho muy guapo. Era nuestra primera cita, y sin embargo tan pronto estuvimos solos empezó a besarme.

—¿Y lo pusiste en su lugar? —inquiere la amiga.

—No, —contesta Rosibel—. Lo puse en el mío.

En su minúsculo auto compacto, el joven Afrodisio llevó a Rosibel a un romántico paraje.

Ella descendió del cochecito y se tendió voluptuosamente sobre el césped. Pero el galán no descendía del auto:

—¡Afrodisio! —llama ella—. Si no bajas del coche se me van a quitar las ganas.

Responde él:

—Y si a mí no se me quitan las ganas, no voy a poder bajar del coche.

Carenio, joven educado, invitó a salir a Nalguria, muchacha de opulentas formas, pero de cultura exigua. Al final de la cita dice él:

—Estaré lejos los próximos seis meses, Nalguria, pues voy a estudiar fuera. ¿Aceptarías tener conmigo una relación epistolar?

—Claro que sí —acepta ella—. ¿Vamos a un hotel o nos pasamos al asiento de atrás?

Rosibel, secretaria de don Algón, le pregunta:

—¿Quiere que le traiga su cafecito?

Pregunta él a su vez:

—¿Está caliente?

Con un mohín de coquetería replica la muchacha:

—¡Ay, señor! ¡Ya va a empezar usted con sus cosas!

Terminado el primer trance de amor, Dulcilí se echó a llorar desconsoladamente:

—¿Por qué lloras así? —le pregunta su novio con preocupación.

—¡Es que no sabía lo que estaba haciendo! —gime ella.

—Qué raro —se extraña el muchacho—. Lo hiciste bastante bien.

3 | De los Flordelisios, de las guapas hetairas, y las casas de mala nota

"...Llegó a la farmacia un jovenzuelo de movimientos cimbreantes y afectados.
—Quiero un supositorio —pide con atiplada voz... "

N aufragó un barco. Tres guapas chicas y un marino fueron a dar a una isla desierta.

Sucedió lo que tenía que pasar: el idílico ambiente de aquel remoto paraíso se conjuró con las naturales apetencias de la carne, y bien pronto el joven marinero hubo de hacer erogación de su varonía repartiéndola en forma parigual entre las tres bellas mujeres.

¿Son el hombre y la mujer criaturas monógamas por naturaleza? Dúdolo. Si Natura nos hubiera querido hacer monógamos, nos habría puesto a cada hombre una especie de llave, distinta en cada quien, y a la mujer una cerradura que sólo hubiese podido admitir la llave a ella destinada. Pero sucede que todos los hombres tenemos llave maestra y las mujeres cerradura universal, de modo tal que todas las llaves funcionan en todas las cerraduras y todas las cerraduras pueden admitir todas las llaves.

No es la naturaleza, no, la que nos llevó a instaurar la monogamia como norma al mismo tiempo prescrita por la ley religiosa y la civil: fue, en un principio, la conveniencia del grupo, pues son más fecundos los grupos monógamos que los polígamos, y cada comunidad humana debía ser más numerosa que las otras para poder hacerles frente con ventaja. De ahí surgieron tabúes como: "No fornicarás" o "No desearás a la mujer de tu prójimo", que aparentemente tienen contenido moral, pero que pertenecen en realidad al instinto social de la conservación.

¿Me he apartado de mi relato? Creo que sí: empecé con la historia de unos náufragos y heme aquí enredado en una digresión antropológica que nada, o muy poco, aportará a la Civilización Occidental, civilización que el autor está tratando siempre de enriquecer y mejorar aunque sea en la corta medida de sus posibilidades.

El caso es que el marino llegó a una especie de "concertacesión" con las tres jóvenes mujeres, cuya sensualidad y celo se acentuaron en la libertad de aquella edénica ínsula sin decálogos ni códigos. El arreglo consistió en que lunes y miércoles le tocaría a una; martes y viernes a otra; jueves y sábados a la tercera. El domingo, el marino descansaría, y podría vagar a su antojo por la isla sin tener que cubrir demanda alguna.

Al principio todo iba muy bien, y el joven nauta estaba encantado en su papel de sultán de aquel mínimo harén. Pero bien pronto la frecuencia de las continuas refocilaciones empezó a cobrar su cuota: andaba ya el pobrete demacrado; se le veía exangüe. ¡Ah, sólo quien respire los claros vientos de Saltillo —ciudad del norte mexicano— puede hacer frente a tales compromisos sin mengua de su vitalidad! *Praise the Lord*!

Un día los cuatro habitantes de la isla vieron zozobrar a lo lejos otro barco. Nadando llegó uno de los pasajeros, único sobreviviente. El marino se alegró: con él podría compartir las amorosas fatigas que lo tenían exánime. Pero al hablarles, dice el náufrago con delicada voz:

—¡Ay, qué bueno que encuentro gente aquí!

Suspira entonces el marino y dice:

—¡Adiós domingos!

Viene ahora el cuento titulado "La vendedora más grande del mundo". Léase con precaución...

Aquel señor tenía una farmacia. (Farmacia, dije, pues si digo "botica" me sacarán la edad.) Cierto día tuvo que ir al banco, y le pidió a su esposa que se hiciera cargo del establecimiento mientras él estaba fuera. Llegó poco después a la farmacia un jovenzuelo de movimientos cimbreantes y afectados:

—Quiero un supositorio —pide con atiplada voz.

—Tenemos estos —le indica la señora—, blancos. Cuestan 15 pesos cada uno.

—Uno más grande —solicita el sarasa.

—Este otro, negro, cuesta 60 —le informa ella, mostrándole uno de mayor tamaño.

—No, lo quiero más grande aún —demanda el tipo—. ¿Qué precio tiene aquel?

—¿Cuál? —inquiere la señora.

—Aquel grande —señala el adamado—. El que tiene dibujos como de falda de escocés.

—Ah sí —contesta la señora—. Ese supositorio es muy caro; es el más caro que tenemos. Le cuesta mil pesos.

—No importa —replica con ansiedad el jovenzuelo—. Me lo llevo.

La señora envuelve la mercancía, el delicado cliente hace el correspondiente pago y se va muy contento con su adquisición. Poco después regresa el farmacéutico.

—¿Cómo te fue? —le pregunta a su mujer—. ¿Hubo clientes?

—Uno nada más —responde "La vendedora más grande del mundo"—. Pero le vendí tu termo del café en mil pesos.

Dos tipos están platicando en la cantina:

—Oiga, compadre —pregunta uno—, aquí, en confianza: ¿le daría usted las éstas a un hombre por cincuenta mil pesos?

—Claro que no, compadre —responde el otro, ofendido.

—Pos yo menos, compadre —dice el primero. Y vuelve a inquirir:

—Y ¿por cien mil?

—No, compadre —responde aquél—. Tampoco.

—Oiga, compadre —insiste el primero bajando más la voz—, ¿y por un millón?

—¿Un millón? —se turba el otro—. Caramba... Mire, hablando con franqueza, le diré que por un millón, sí.

—¡Qué barbaridad, compadre! —exclama el primero consternado—. Eso quiere decir que si usted y yo no nos hemos hecho gays, ha sido nada más por falta de financiamiento.

Aquel loco se creía Napoleón.

Llegó al manicomio otro orate que también se creía Bonaparte. El director los puso juntos en la misma celda. Al cabo de una semana les pregunta:

—¿Cuál de los dos es Napoleón?

—Él —responde uno de los loquitos señalando a su compañero—. Ahora yo soy Josefina.

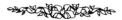

Anselma y Flordelisio, mariconcitos ellos, paseaban por la playa. Anselma vio una gaviota que cruzaba con ágil vuelo el azul de la bóveda celeste, y preguntó a su amigo con tono ensoñador:

—Flordelisio: ¿qué harías si tuvieras dos alas?

Responde Flordelisio sin dudar:

—Vendería una y me compraría un comedor.

La muchacha de la casa de mala nota le presentó su renuncia a la madama.

—¿Cómo es eso, Popancha? —se asombra la mujer—. ¡Tú eres la mejor chica de la mancebía! ¡Tienes cualidades excelsas para este antiguo oficio! Además se ve que lo disfrutas. ¡Nada menos esta misma noche debes de haber ido a tu cuarto del segundo piso con más de 50 clientes!

—Precisamente, señora —gime la muchacha—. ¡Los pies me están matando!

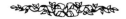

Don Geroncio, señor de edad madura, fue a una casa de mala nota y contrató los servicios de una de las señoras que ahí profesaban el muy antiguo oficio de las daifas.

Con ella se dirigió a uno de los habitáculos o accesorias del local. Pasó una hora; pasaron dos y tres, y la pareja no salía del aposento.

La dueña de la negociación, inquieta, va y da unos discretos golpecitos en la puerta. Pregunta:

—¿Se puede?

Desde adentro responde don Geroncio:

—Se trata.

El tipo aquel le preguntó a la muchacha de tacón dorado cuánto cobraba por sus servicios:

—Quinientos pesos —le informa ella—. ¿Vamos?

—No —declina el tipo—. Sólo quería saber cuánto me voy a ahorrar si aplico el sistema de hágalo usted mismo.

Los reporteros sorprendieron a la vedette de moda, Bustilia Grandnalguier, cuando salía del departamento de un productor de cine.

De inmediato la atosigaron con preguntas:

—¿Es tu novio?... ¿Se van a casar?...

—¡Caramba! —se enoja Bustilia—. ¡No puedo acostarme con alguien sin que la gente piense que hay algo entre nosotros!

Un cierto sindicato decidió poner una casa de mala nota administrada por la misma organización.

Al tercer mes el dicho establecimiento lenocínico hubo de cerrar sus puertas. Quebró el negocio; fue un fracaso. El líder sindical llama a quien fungió como gerente y le pregunta la causa de aquel fiasco:

—No me lo explico, compañero Secretario General —responde el individuo—. Cuidamos de todos los detalles para que la casa funcionara bien.

—¿Sería que no estaba bueno el local? —pregunta el líder.

—No —responde el tipo—. Se hallaba en una antigua mansión porfiriana, preciosísima.

—¿Fallaron acaso las bebidas?

—Tampoco —contesta el encargado—. Nuestra selección de vinos y licores era la mejor, y nuestro barman el más calificado.

—¿Serían entonces las mujeres? —arriesga el dirigente.

—De ninguna manera —replica con energía el hombre—. Las escogimos muy bien. Todas eran miembros leales del sindicato desde hace por lo menos 40 años.

❧❧❧❧❧

El individuo aquel acude con el traumatólogo:

—Doctor —le dice—, anoche fui a una casa de mala nota. Apenas me estaba entendiendo con una muchacha cuando estalló un pleito. Alguien arrojó una silla y me pegó en la rodilla. Caí al suelo; apenas si pude levantarme y echar a caminar.

—¿Y cojeó? —pregunta el médico.

—Doctor —responde el individuo—, con el susto, ¿quién pensaba ya en eso?

4 | DE RECIÉN CASADOS Y LUNAMIELEROS, Y DE ALGÚN QUE OTRO MATRIMONIO PROVECTO

"...EL SEÑOR Y LA SEÑORA HICIERON UN VIAJE A LA INDIA Y VIERON EL CONSABIDO ESPECTÁCULO DEL FAKIR..."

E l chico aquel se casó con una muchacha extremadamente delgada.

—¿Cómo te fue en tu luna de miel? —le preguntó alguien.

—Bien en general —responde él—. Lo único que tuve que hacer fue ponerle a Tanagra un letrero en el estómago que decía: "Este lado hacia arriba".

❦

El recién casado llega apresuradamente al bar del hotel y pide al cantinero:

—¡Rápido, manito! ¡Voy a mi noche de bodas! ¡Dame unos tres whiskies para agarrar fuerzas!

—Perdone, joven —le dice el bondadoso cantinero—. El whisky es un depresivo: en vez de darle fuerzas se las va a quitar. Para animarse más lo mejor es el coñac.

—Ah, vaya —contesta el muchacho—, entonces dame tres copas de coñac, y gracias por el consejo.

Pasan unas horas y otra vez llega al bar el muchacho:

—Rápido —ordena al cantinero—. ¡Dame tres whiskies!

—Quizá ya olvidó el joven lo que le dije —dice el cantinero—. El whisky deprime y quita fuerzas. Usted lo que seguramente quiere son otras tres copas de coñac.

—No —responde desfallecido el joven—. Quiero tres whiskies. Voy a llevárselos a mi mujer.

Los campesinos españoles suelen levantar pajares que se forman con un poste central en torno del cual se va apretando la paja. Se llaman almiares y los cubren con hierba a fin de preservar la paja de la lluvia.

Pacorro, labriego mocetón, iba a casarse con la Pilarica, muchacha de pocas letras que vivía en la ciudad. El día del casorio Pacorro le pone un telegrama a su prometida: "Llegaré tarde a la boda. Almiar se me cayó".

Le leyeron el telegrama a la Pilarica. Ella se echa a llorar y exclama con infinita pesadumbre:

—¡Entonces que ya ni venga!

Un muchacho cubano se hizo novio de una joven diplomática extranjera. Después de una breve relación, los dos enamorados decidieron casarse.

Fidel se enteró del matrimonio e hizo llamar al futuro desposado. Le dio permiso de casarse, pero le puso una condición: debería seguir ciertos pasos útiles a los fines de la Revolución Socialista:

—Primer paso —le indica—. La noche de tu boda tomas en brazos a tu esposa y la llevas cargada hasta la habitación. Así, le mostrarás al mundo que los cubanos somos un pueblo educado. Segundo paso. Regresas por las maletas, te las echas al lomo y subes con ellas por las escaleras hasta el noveno piso, donde estará tu cuarto. Así, le mostrarás al mundo que los cubanos somos un pueblo fuerte. Tercer paso. Entras al baño y te das un regaderazo. Así, le mostrarás al mundo que los cubanos somos un pueblo limpio y pulcro. Cuarto paso. Vas al lecho donde tu esposa aguarda y empiezas a acariciarla y a besarla con encendido ardor. Así, le mostrarás al mundo que los cubanos somos un pueblo apasionado. Quinto y último paso. Cuando tu mujer ya esté lista para el amor la haces a un lado y te satisfaces tú solo. Así, le mostrarás al mun-do que los cubanos somos un pueblo autosuficiente.

Los recién casados volvieron de su luna de miel, que pasaron en Niagara Falls.

—¿Y qué te parecieron las cataratas? —le pregunta a la flamante desposada una de sus amigas.

Responde ella con tono de mucha decepción:

—¡Bah! ¡Otra de las cosas que no eran tan grandes como yo creía.

La noche de bodas fue muy apasionada. Hubo varios *encores*, y en ellos agotó el flamante esposo su caudal de fuerzas. Despertó a la mañana siguiente laso y agotado y decidió darse una ducha de agua fría por ver si así tornaba a recobrar impulso para un nuevo *performance*. La helada corriente de la regadera amenguó en modo considerable la medida de la parte anatómica aplicable. Quedó reducida esa comarca a su mínima expresión, que de por sí no era muy expresiva. En eso la novia abrió la puerta del baño. Ve la citada reducción y exclama desolada:

—¿Eso fue todo lo que nos quedó?

En lo más apasionado de la noche de bodas la recién casada le dice a su flamante maridito:

—No me pidas eso, mi amor. Bien sabes que soy vegetariana... [No le entendí.]

Simpliciana, muchacha sin ciencia de la vida, contrajo matrimonio.

A su regreso de la luna de miel le confió a su madre una duda que le había nacido después de la experiencia connubial:

—No me explico, mami —le dijo—, por qué los hombres miran tanto las piernas de las mujeres y luego es lo primero que hacen a un lado.

En la noche de bodas el recién casado, quizás a causa de los nervios, no acertaba a llegar a la fuente de los deliquios amorosos.

Le dice su flamante mujercita:

—Ay, Inepcio: yo creí que esta noche ibas a estar muy erótico y resulta que estás muy errático.

Se casó don Senilio, caballero otoñal, con Dulcilí, joven muchacha en flor de edad, pero ignorante de los misterios de la vida.

La noche de bodas don Senilio se inclina sobre su flamante mujercita y le dice:

—Te voy a dar un susto.

Reúne todas sus fuerzas y consigue —no sin hacer un gran esfuerzo— consumar las nupcias. El esfuerzo lo dejó exangüe, exhausto, exánime. Dulcilí, por el contrario, quedó en deseos de holgarse nuevamente en los deliquios de Himeneo. Con urente tono le pide a su marido:

—¡Dame otro susto!

Agotado, se voltea hacia ella don Senilio y le hace:

—¡Bú!

Don Gerolacio, señor de edad madura, casó con mujer joven. La noche de bodas ella le dice con desilusión:

—Oye, esto está blando.

—¿Ah, sí? —pregunta Gerolacio con tono de inocencia—. ¿Y qué dice?

Se iba a casar Planicia, mujer que no tenía nada de busto. Preocupada porque siempre se había presentado ante su novio luciendo rellenos muy sensuales, fue con un médico que, le dijeron, podía resolverle su problema:

—En efecto, señorita —le dice el doctor—. He inventado un sistema de busto inflable. Le pongo unas pequeñas bombas bajo los brazos. Bombeando aire con ellas podrá inflar su busto a discreción.

Y le practica la operación con éxito.

La noche de bodas, aprovechando que el muchacho se ha metido en el baño, Planicia comienza a bombear con los brazos: ¡Ffff, ffff, ffff! Le parece poco el tamaño del busto y empieza otra vez: ¡Fffff, ffff, fffff! Se da cuenta de que una mitad le había crecido más que la otra, y bombea con el brazo opuesto, para igualar. Piensa que se vería mejor con el busto más grande, y vuelve a bombear con ambos brazos: ¡Fffff, fffff, fffff! En eso estaba cuando se abre la puerta del baño y su maridito la sorprende en pleno bombeo. Ella se apena:

—¡Ni me digas! —la tranquiliza el novio—. ¡El mismo doctor!

Y empieza a bombear él con las piernas.

Se casó Pirulina, muchacha pizpireta. Poco después comentaba en el desayuno con sus amigas:

—Mi marido me considera un perro.

—¿Por qué dices eso? —se alarman las amigas—. ¿Te trata muy mal?

—No —explica Pirulina—. Quiere que le sea fiel.

La recién casada, frondosa y joven mujer de nombre Avidia, hizo que en la noche de bodas su flamante maridito le demostrara 12 veces seguidas su amor. Terminado el trance duodécimo, el muchacho cayó de espaldas en la cama. Estaba —cualquiera lo habría estado en su lugar— exangüe, desfallecido, exánime, abatido, postrado, decaído, desmadejado, laso, debilitado y consumido.

—¡Por favor, amor mío! —demanda ella—. ¡Hazme el amor una vez más!

—Pero, Avidia —alcanza a decir él con feble voz—, ¡ya van 12 veces!

—¿Y qué? —pregunta ella sin entender—. ¿Eres supersticioso?

La noche de bodas fue movida. Quedó extática la joven desposada con el primer deliquio del amor sensual. Pidió un *bis*; después solicitó un *encore*; demandó luego otro *performance* y con ansia no contenida reclamó una nueva actuación extraordinaria. El pobre recién casado tenía ya anublada la visión; seca la boca, extraviado el pensamiento; lasos los miembros; pálido el semblante y los pies fríos. ¡Lacerado!

A eso de las 10 de la mañana pidió una tregua tácita:

—Amor mío —dijo con feble voz a su flamante mujercita—, ¿no quieres ir a desayunar?

—¡Ah, no! —protesta ella—. Aquí dice que el desayuno se sirve entre 7 y 12, y nosotros apenas llevamos 5.

Le pregunta un tipo a otro, que se iba a casar:

—¿En dónde vas a pasar tu luna de miel?

—En Camagüey.

—¿En Camagüey, Cuba?

—No. En cama, güey.

Le dice la olvidada mujer a su marido:

—Podrás ver el partido de futbol sólo si antes me haces el amor.

Y se pone en actitud de recibir esa compensación. El individuo la ve con detenimiento y luego se vuelve de espaldas diciendo:

—No; ni que jugaran tan bien esos dos equipos.

En la fiesta el pescador contaba a los invitados su última experiencia:

—El río estaba casi congelado. Cuando entré en el agua aquello que les platiqué se me puso de este tamaño.

Y al decir eso señalaba con índice y pulgar una medida muy pequeña.

—¡Cómo! —exclama asombrada su esposa—. ¿Te creció?

Doña Gorgolota, nueva rica, recibió el encargo de tomarle la temperatura rectal a su marido, que estaba algo maluco:

—¿Cómo se hace eso? —pregunta ella.

Le indica el médico:

—Póngale el termómetro en el esfínter.

Llegado el momento de aplicar el artilugio doña Gorgolota le dice a su esposo:

—Te estás moviendo mucho, Macedonio, y no te encuentro el famoso esfínter ése. No te vaya yo a meter el termómetro en otra parte.

—Estoy tomando clases de pintura —dice una señora a sus amigas—. Pinté a mi marido en la recámara.

—¿Eso quiere decir que estás practicando el retrato? —pregunta una de las amigas.

—No —responde la señora—, la naturaleza muerta.

En el club de señoras la conferencista hablaba del tiempo:

—¿Saben ustedes —pregunta a sus oyentes— cuántos segundos hay en un año?

—¡Uh! —le dice en voz baja una señora a su vecina de asiento—, yo me conformaría con unos cuantos primeros.

Preocupada porque su hija, que estaba en la sala con su novio, no había subido aún a su recámara pese a que ya era tarde, la señora le grita desde la escalera:

—¡Susiflor! ¿Tu novio todavía está ahí?

—No, mami —contesta la muchacha—. Ahora estamos viendo la tele.

Doña Frigidia, la mujer más fría del condado, llegó a su casa y encontró a su marido en trato de fornicación con una mujer joven:

—¿Qué es esto? —pregunta con indignación.

Responde el marido:

—Deja te cuento.

—No se dice "deja te cuento" —lo corrige doña Frigidia—. Se dice: "deja que te cuente". (Ni siquiera en trances apurados perdía la señora su frialdad.)

—Está bien —enmienda el marido—. Deja que te cuente. Llegó esta pobre muchacha y me preguntó si no podía darle yo algo que tú no usaras. Y aquí estamos.

Afrodisio Pitorreal, hombre dado a lubricidades y fornicación, le dice a un amigo:

—Me siento fatigado. Será que hago el amor todos los días, y en ocasiones dos veces cada día.

Le aconseja el amigo:

—Debes dejar el sexo por un tiempo.

—¡Imposible! —exclama Pitorreal—. No puedo renunciar al sexo así, tan de repente.

Le recomienda el otro:

—Entonces cásate. Así lo irás dejando poco a poco.

La señora, partidaria de los métodos naturales, criticaba desfavorablemente a una joven madre que alimentaba a su bebé con biberón:

—A los niños hay que darles el pecho —sostenía—, pues es la única manera de conseguir que crezcan sanos y bien alimentados.

—Oye, no —interviene en eso otra señora—. Mira a mi hijo de 25 años, lo alto, fuerte y bien constituido que está, y jamás probó el pecho sino hasta el día que se casó.

Estamos en la Segunda Guerra Mundial. Un soldado ruso regresó a su casa tras combatir heroicamente en los helados campos de Finlandia.

Días después fue entrevistado por un periodista:

—Camarada, ¿qué fue lo primero que hiciste al llegar a tu casa?

El soldado se ruboriza:

—Por favor —responde sonrojado—. Pregúnteme cuál fue la segunda cosa que hice.

—Está bien —sonríe el reportero—. ¿Cuál fue la segunda cosa que hiciste al llegar a tu casa?

Contesta el héroe:

—Me quité los esquíes.

Nalgarina Grandchichier, mujer de anatomía exuberante, le hizo una confidencia a su vecina:

—Estoy teniendo una relación con un hombre casado —le contó—. Es muy feo, es el hombre más tonto del mundo, no tiene en qué caerse muerto y es malísimo en la cama, pero no sé por qué le he tomado cariño y no lo puedo dejar.

Esa noche la vecina le pregunta a su marido:

—¿Estás teniendo una relación con Nalgarina?

Llegó lord Feebledick de la cacería de la zorra y encontró a su mujer, lady Loosebloomers, en apretado abrazo de concupiscencia con el toroso mancebo Wellhan Ged, guardabosque de la finca:

— *Bloody Phoebus!* —exclamó lord Feebledick, cuyos juramentos provenían tanto de Eton como de sus campañas en la India—. ¿Para esto te pago, mentecato?

—No, señor —replica Wellhan—. Esto lo hago en mis tiempos libres.

El marido llevó a su esposa a montar a caballo.

—Oye, Uxorcio —manifiesta temblando la señora—. Tú sabes que no he montado nunca a caballo, y me dicen que éste, de nombre El Flamazo, es muy salvaje, de carácter violento, y que jamás ha sido montado por nadie.

—Tú súbete, querida —responde el marido—. Aprenderán juntos.

Decía un señor de edad madura:

—Mi esposa y yo tenemos cama de agua. Ella le llama el Mar Muerto.

La señora acababa de dar a luz a su hijo número quince. El médico obstetra, preocupado, llama a su marido y le dice:

—¿No le parece que debería usted poner en práctica un poco de paternidad responsable?

—Doctor —responde el hombre con ceñudo gesto y gran solemnidad—, los hijos nos los envía el Señor.

—Es cierto —responde el galeno—. Pero también nos envía la lluvia, y nos ponemos impermeable.

En el tálamo conyugal la mujer del gran jefe indio le dice con disgusto:

—Ya sé que tienes que hacer honor a tu nombre, Toro Sentado. Pero también hay otras posiciones.

Con voz emocionada pregunta el tipo a su mujercita:

—Dime, Susiflor: ¿me amarás cuando sea viejo y calvo?

Se queda pensando ella y luego dice:

—La verdad no sé, Juvencio. Bastante trabajo me está costando amarte ahora que eres joven y greñudo.

Se encuentran dos viejos amigos y uno le dice al otro:

—Ni sabes lo que nos pasó a mi esposa y a mí: llevábamos veinte años de casados y no habíamos encargado familia. Por fin una vez creímos que estaba embarazada. El vientre le iba creciendo cada día. Pero el médico dictaminó que no había embarazo: aquello era puro aire.

—Bueno, hombre —lo tranquiliza el otro—. Eso ya pasó.

—Sí —responde muy enojado el tipo—. Pero ahora todos los niños del pueblo me persiguen para que les infle los globos.

❦

El señor y la señora celebraron sus cincuenta años de casados y fueron al mismo hotel en el que habían pasado hacía medio siglo su luna de miel. Sale del baño el viejecito y dice con triste voz a su señora:

—Viejita: fíjate que ahorita que fui al pipisrum me mojé los zapatos.

—Igual te sucedió hace cincuenta años, viejito —responde ella evocadoramente—, no más que entonces lo que te mojaste fue la corbata.

❦

Murió el señor, y su viuda fue con un espiritista a pedirle que invocara a su difunto esposo. El espiritista se pone en trance y a poco se escucha, como venida de ultratumba, la voz del muerto:

—Aquí estoy. ¿Quién me llama?

—Soy yo, viejito —contesta la mujer—. ¿Cómo estás en el más allá?

—Estoy feliz —responde el marido.

—¿Más feliz que cuando vivías conmigo?

—Más, mucho más feliz.

—Dime —quiere saber la mujer—. ¿Cómo es el Cielo?

Responde el difunto malhumorado:

—¿Y quién te dijo que estoy en el Cielo?

Aquel hombre era muy gordo, gordo hasta el extremo de la mayor obesidad. Inútilmente había puesto en práctica todas las fórmulas para reducir. Oyó hablar de un médico que había inventado un procedimiento fabuloso para bajar de peso: nada de dietas y ejercicio. Su método se fincaba en el ejercicio de la sexualidad. Lo fue a ver. Le indica el galeno:

—Para bajar de peso debe usted hacer el amor tres veces al día.

El gordo prometió poner en práctica aquella receta disfrutable. Volvió al mes. No había rebajado ni un solo gramo.

—¿Con quién ha hecho el amor? —pregunta el facultativo.

—Con varias y diversas chicas —responde el adiposo—. Todas bellísimas y ardientes.

—Por eso no dio resultado el tratamiento —dictamina el médico—. Tiene que hacerlo con su esposa, para que le cueste trabajo.

Rodolfa, la esposa de Rodolfo, el Reno de la Nariz Roja, le dice a una amiga:

—Ojalá nunca se entere Santa de por qué mi marido tiene roja la nariz.

Llega un visitante a la casa del pequeño:
—Dime, buen niño —inquiere—. ¿Está tu papá?
—No está, señor —responde el chiquitín—. No ha venido desde que mi mamá sorprendió a Santa Claus metiéndose en el cuarto de la criada.

Frase de moda de cuyo contenido no me hago responsable y que repruebo por un elemental instinto de conservación: "Detrás de cada gran hombre hay una gran mujer. Y en medio una esposa... chingue y chingue y chingue".

Una pareja de ancianitos llegó a un restaurante. El viejecito llenaba a la ancianita de atenciones, y se dirigía a ella con palabras de inmenso cariño:
—Ven, mi vida... Siéntate, mi cielo... ¿Estás a gusto, reina?... ¿Qué quieres pedir, ángel?
El mesero observaba aquello y estaba impresionado. Poco después la viejecita se levantó de la mesa para ir al baño. El mesero, sin poderse contener, va con el ancianito y le pregunta:
—Perdone usted la indiscreción: ¿cuántos años tienen ustedes de casados?

Responde el viejecito:

—Estamos celebrando sesenta y cinco años de matrimonio.

—¡Caramba, señor! —prorrumpe el mesero—. ¡Estoy conmovido!... Sesenta y cinco años de casados, y ¡cómo le habla usted a su viejita!: "mi vida"... "mi cielo"... "mi reina"... "mi ángel"...

Responde con feble voz el viejecito:

—Es que ya no me acuerdo cómo se llama.

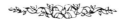

Le dice una argentina a su marido:

—Me gustaría hacer el amor afónica.

—¿Afónica? —se sorprende el porteño—. ¿Qué querés decir?

—Sin vos —responde ella.

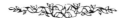

Le dice la señora a su vecina:

—¡Qué frío hacía anoche! ¡Tuve que salir, y tardé casi media hora en conseguir que arrancara mi automóvil.

—Sí que hacía frío, sí —confirma la vecina—. Yo no tuve que salir, y también tardé más de una hora en conseguir que arrancara mi marido.

El preocupado marido le dice a su mujer:

—Quiero esforzarme, Avidia, para que tengas una plena satisfacción sexual. ¿Qué puedo hacer?

Responde ella:

—¿Por qué no te vas de la ciudad un par de semanas?

—No sé qué le ves a esa mujer —dice la fiera esposa a su marido que se ha quedado lelo viendo a la curvilínea chica con bikini—. Quítale la cara bonita, el pelo rubio, los ojos azules, el busto grande, la cintura delgadita, las caderas curvas, las piernas bien torneadas y ¿qué queda?

—Tú —responde el marido.

El matrimonio estaba teniendo problemas por la falta de interés del señor hacia la señora. Van los dos con un consejero matrimonial, que ve muy bien a la señora y luego pide quedarse a solas con el marido. Cuando éste sale, dice a la señora que el consejero le ha dado una fórmula para superar la falta de interés en su esposa.

Esa misma noche el marido se retira a otra habitación, regresa luego y da prueba de que la receta del consejero es efectiva. Así, pasa durante unos días más, hasta que movida por la curiosidad la señora se asoma por la cerradura de la habitación a la que se retiraba su esposo. Ahí estaba éste, sentado en un sillón y repitiendo una y otra vez con los ojos cerrados:

—No es mi mujer, no es mi mujer, no es mi mujer.

Le cuenta una señora a otra:

—Por las noches mi marido me recuerda a Clark Gable.

—¿Por lo ardiente? —pregunta la amiga.

—No —responde la señora—. Por lo muerto.

El señor le compró a su pequeño hijo un juego de química. Días después salió al jardín y vio al niño que levantaba en alto lo que parecía un largo tubo.

—¿Qué es eso? —le pregunta.

—Es la manguera —responde el muchachillo—. Con mi juego de química fabriqué un líquido que vuelve rígidas las cosas flexibles.

—Mereces un premio —dice el papá orgulloso—. Tu invento puede tener mucha aplicación en la industria. —Y así diciendo le da 50 pesos.

Al día siguiente el señor le entrega al niño otros 500 pesos.

—Esos te los manda tu mamá —le dice—. Halló otra aplicación para tu invento.

Pasó a mejor vida una señora. Su esposo le pidió al empresario de pompas fúnebres que la embalsamara y le diera sepultura, pero dejándole las pompis de fuera.

—¿Por qué? —se asombra el tipo.

Responde el individuo:

—Cuando vaya al panteón a visitarla, tendré dónde atorar la bicicleta.

Le dice una señora a su marido:

—Oye, Pitorro: con frecuencia cuando volvemos de una fiesta tú te pones romántico, y quieres hacer el amor. Has de saber que no siempre estoy de humor para eso. He ideado, entonces, un sistema de señales para darte a conocer mi disposición o falta de ella. Mira: si me peino con la raya en medio, eso querrá decir que no deseo hacer el amor. Si me peino con la raya del lado derecho, eso significará que posiblemente quiero hacer el amor, dependiendo de las circunstancias. Y si me peino con la raya del lado izquierdo, eso te indicará que no sólo estoy dispuesta para el amor, sino también ganosa. ¿Has entendido?

—Perfectamente —replica el esposo—. Pero ahora déjame decirte yo mis señales, que también las tengo. Mira: si en la fiesta me tomo un jaibol, eso querrá decir que no deseo hacer el amor. Si me tomo dos, eso significará que posiblemente quiero hacer el amor, dependiendo de las circunstancias. Y si me tomo tres jaiboles o más, ¡entonces, mi vida, me va a valer madre cómo traigas el peinado!

El señor y la señora celebraban sus cincuenta años de casados, y fueron al hotel donde habían pasado su noche de bodas.

—¿Te acuerdas, viejo? —pregunta evocadoramente la viejita—. Aquella noche ni siquiera me diste tiempo de quitarme las medias.

Responde el viejecito:

—¡Si quieres ahora te doy tiempo para que tejas unos quince pares!

Al respetable profesor los estudiantes le pidieron una conferencia sobre sexo. Temeroso de escandalizar a su esposa, que era muy puritana, el profesor le dijo que la conferencia la iba a dar sobre ski acuático. Unos días después de la conferencia unas muchachas encuentran a la señora y la felicitan por la conferencia de su marido.

—No sé qué puede haberles dicho —responde la señora—. Casi nunca lo hace, siempre se marea y la última vez se cayó cuando apenas iba comenzando.

Don Martiriano, sufrido esposo de Jodoncia, mujer mal encarada, iba con un amigo por la calle. El amigo se topó con un pariente y procedió a hacer las presentaciones de rigor.

—Te presento a mi amigo Martiriano —dice a su familiar—. Se la pasa vegetando.

—¿Ah, sí? —pregunta el otro, desconcertado.

—Sí —confirma el amigo de don Martiriano—. Ve jeta en la mañana, ve jeta en la tarde y ve jeta en la noche.

Mistress Lousylay era una mujer muy fría. Comparado con ella el iceberg que hundió al Titanic era una brasa ardiente. Cierto día su pobre marido, mister Starving, le pidió la celebración del acto connubial. Ella, como de costumbre, se negó alegando no sé qué pretexto peregrino. Dijo que le dolía el epiplón, o algo así.

—Pero, mujer —se atrevió a protestar tímidamente mister Starving—. ¡La última vez que lo hicimos fue cuando el estreno de "Las campanas de Santa María"! (Nota: Se refería mister Starving a una película con Ingrid Bergman y Bing Crosby, dirección de Leo McCarey, filmada en 1946). Replica indignada Ms. Lousylay:

—¿Y ya quieres otra vez? ¡Maniático sexual!

Se reunieron cuatro amigas a comentar cómo habían pasado el fin de semana.

—Mi marido y yo —relata la primera— compramos unas botellas de champaña y estuvimos champañeando toda la noche.

—Mi esposo y yo —cuenta la segunda— compramos una botella de coñac y estuvimos coñaqueando toda la noche.

La tercera, que no era rica como las otras, dice muy contenta:

—Mi marido y yo compramos unos sobrecitos de Kuleid. ¡Y vieran qué a gusto nos la pasamos!

—Señor: ¿conoce usted esos cubos de hielo con un agujerito enmedio?

—¿Que si los conozco? ¡Estoy casado con uno!

El señor y la señora hicieron un viaje a la India y vieron el consabido espectáculo del fakir que hace subir una cuerda con la música de su flauta. Pregunta la señora:

—¿Y nada más funciona con cuerdas?

5 | DE MONJITAS Y DE CONFESIONES, DE EL PADRE ARSILIO Y DE OTROS MINISTROS RELIGIOSOS

"...La señora lloraba en el funeral de su consorte.
—Cálmate ya, hija mía —trata de consolarla el bondadoso padre Arsilio..."

Un cierto individuo fue a confesarse con don Arsilio, el párroco del pueblo. Le dijo:

—Me acuso, Padre, de que me gusta hacer el amor a oscuras.

—Tal cosa no es pecado, hijo mío —lo tranquiliza el bondadoso sacerdote—. Antes bien alabo tu sentido del pudor, también llamado pudicia. Mucha gente prefiere hacerlo así, con la luz apagada. Yo mismo..., eh..., pienso que así se debe hacer. Incluso Mrs. Edison pedía a su marido que apagara la luz. Nada más a las focas les gusta estar siempre con el foco prendido. La Reina Victoria dejaba un pequeño quinqué, sí, pero cerraba los ojos y se ponía a pensar en Inglaterra. No se debe abusar de esto; sin embargo, hasta el recato puede hacer daño si se le exagera. ¡Cuántos naufragios hubo en la costa de Cornualles porque a la esposa del farero no le gustaba hacerlo con la luz encendida! Así pues, hijo, sosiega tus escrúpulos: no es pecado que te guste hacer el amor a oscuras.

—No me entendió bien, Padre —aclara el individuo—. Me gusta hacer el amor a os-curas, a os-sacristanes, a os-monaguillos...

Este es el deplorable cuento titulado "Historia del señor cura a quien unas monjitas le estaban dando Viagra". Las personas de moral estricta deben abstenerse de pasar los ojos por las siguientes líneas, pues esa acción podría ponerlos en trance de caída...

Aquel señor era sobrino de un anciano párroco cuya edad frisaba ya en los 90 años. Un día el señor fue a visitar a su tío en la casa de reposo donde estaba. Se hallaba con él cuando llegó una monjita que llevaba la magra merienda del anciano: un plato de avena, un vaso de leche y dos galletas.

El sobrino notó que en la charola iba también un platito con una pastilla de color azul. Por su color y por su forma le llamó la atención esa pastilla y se acercó a mirarla. Su sorpresa no tuvo límites: ¡aquella pastilla era de Viagra! Estupefacto, preguntó a la monjita:

—Dígame, madre: esta pastilla ¿es para mi tío?

—Así es, en efecto —contestó la reverenda—. Todos los días, al caer la tarde, le damos una igual.

—Oiga, madre —dice el hombre sin entender lo que pasaba—. Esa pastilla es Viagra.

—Ya lo sé, hijo, ya lo sé —responde calmosamente la monjita, al tiempo que le daba la pastilla al viejecito para que se la tomara.

—¡Pero, madre! —exclama escandalizado el visitante—. ¡Mi tío es un anciano! ¡Es sacerdote! ¿Y le dan Viagra?

—Sí, hijo —le dice la religiosa—. Y vieras que nos ha dado muy buenos resultados. Estamos felices, tanto él como nosotras.

—¿Qué está usted diciendo? —se espanta el sobrino, a punto de caer de espaldas.

—Lo que oyes —repite la monjita—. No sé por qué, pero desde que le damos esas pastillitas el viejito ya no se nos cae de la cama cuando se rueda.

El padre Arsilio les pregunta a los niños del catecismo:

¿A dónde van las niñas y los niños buenos?

—Al cielo —responde Rosilita.

Vuelve a preguntar el padre:

—Y las niñas y los niños malos ¿a dónde van?

Pepito se apresura a contestar:

—¡A la parte de atrás de la iglesia!

Pregunta: ¿En qué se parecen las piernas a los ministros religiosos?

Respuesta: Ambos anuncian la gloria allá arriba.

A mitad de la noche estalló un formidable incendio en el convento. La madre superiora, que despertó al oír gritos y sirenas de bomberos, saltó de la cama y echándose encima lo primero que encontró salió apresuradamente del claustro en llamas.

Cuando el incendio quedó controlado le dice el jefe de los bomberos:

—Madre, sería bueno que buscara usted al padre capellán.

—¿Para informarle del incendio? —pregunta ella.

—No —dice el bombero—. Para que hagan un intercambio. Usted trae puesta su sotana y él debe de traer su hábito.

Simpliciano, ingenuo joven, se casó con Larda, muchacha tremendamente gorda. A los pocos días el padre Arsilio se topó en la calle al flamante marido.

—Supe que te casaste, hijito —lo saluda.

—Así es, padre —replica Simpliciano—. Contraje matrimonio.

—Y ¿qué tal el matrimonio? —pregunta el padre Arsilio—. ¿Cómo lo has encontrado?

Declara el esposo de la muchacha tremendamente gorda:

—Batallando, padre, pero lo he encontrado.

Se fue a confesar una dama de muy buen ver y de mejor tocar:

—Me acuso, padre —dice al confesor— de que estoy haciendo cosas con el párroco de Santa Frumentina.

—Muy mal hecho, hija mía —la reprende el sacerdote—. Jamás olvides que tú perteneces a esta parroquia.

Un muchacho y una muchacha se estaban casando. Los dos eran sordomudos, y el padre Arsilio, testigo de los desposorios, se valía de señas para interrogarlos.

—Tú —dice señalando a la chica—, ¿tomas por esposo a este hombre? —Y señala al novio.

Ella, moviendo la cabeza, da su asentimiento.

—Y tú —se dirige el padrecito al joven—, ¿tomas por esposa a esta mujer?

Con expresivas señas el sordomudo expresa aceptación.

Se vuelve el padre Arsilio para pedir los anillos de boda, pero nadie los traía. A fin de preguntarles a los novios dónde estaban los anillos, el padre Arsilio forma un círculo con los dedos índice y pulgar de la mano izquierda y luego hace pasar el índice de la derecha a través del figurado anillo, al tiempo que con un gesto de interrogación se dirigía al novio. Y hace el mudito:

—¡Uhhh!... —con el tono y el ademán del que indica que algo sucedió desde hace mucho tiempo.

Don Salaziel, predicador ministro, conoció a la hermana Himnaria, organista del coro de la iglesia, y puso en ella los ojos con la esperanza de poner después alguna cosa más.

Como ella se mostraba renuente a sus demandas don Salaziel urdió una estrategema.

Le dijo a Himnaria:

—Sufro una grave perturbación anímica, un mal extraño que me impide concentrarme en el servicio a los hermanos. El médico me ha dicho que sólo teniendo trato con mujer puedo aliviar esa tensión. Hermana mía: usted posee el remedio que necesito para sanar y poder cumplir mi alta misión. ¡Tenga compasión de mí! ¡No deje que por las tiranías del cuerpo se pierdan las obras del espíritu!

Tal labia usó don Salaziel, tantos sutiles argumentos y sofismas desenvolvió ante la muchacha, que ésta pensó que, si no en sus manos, sí en otra parte de su cuerpo estaba la medicina para el predicador. Cedió, pues, a las solicitaciones del taimado ministro, que pudo al fin yogar con la muchacha y refocilarse en el venéreo deleite pasional.

En pleno trance de fornicación, arrebatado por el deliquio erótico, pide el predicador a Himnaria con encendido acento:

—¡Bésame! ¡Dame un beso!

—¡Ah, no! —responde Himnaria muy digna y muy severa—. ¡Medicina sí; lujuria no!

La señora lloraba en el funeral de su consorte.

—Cálmate ya, hija mía —trata de consolarla el bondadoso padre Arsilio—. Una cristiana resignación vendrá a enjugar el llanto que derramas por la pérdida dolorosa que hoy te conturba y entristece. Además, vistas las cosas desde el punto de vista terrenal, ya verás cómo, pasado el natural tiempo de aflicción, volverás a disfrutar de la vida.

La gemebunda viuda se vuelve hacia un sujeto que tenía al lado y le dice:

—¿Lo ve usted, compadre? Lo que yo le decía: tendremos que esperar a que pase el natural tiempo de aflicción antes de volver a disfrutar de la vida.

Sor Dina, la anciana madre superiora, iba con sor Bette, joven hermanita, por un oscuro callejón. Les salió al paso un individuo y cebó en sor Bette sus rijosos instintos de carnal libídine, su lujuriosa sensualidad, lúbrica pasión concupiscente, erótico apetito venéreo, lasciva incontinencia impúdica y obscena salacidad intemperante. Nota: Al hacer tal cosa el sujeto incurrió en *Raptus* (*Violentia facta personae, libidinis explendae causa*) y *Sacrilegium carnale* (*Violatio personae, rei locive sacri per actum venereum*).

Ya en el convento, sor Dina les contó a las demás monjitas lo que a sor Bette le había sucedido:

—Llamen a un médico —les pide con angustia.

Sugiere una de las hermanas:

—Que sea cirujano plástico. Primero hay que quitarle esa sonrisota que trae.

6 | De Pepito, el consabido chiquillo precoz

"*...Pepito y Juanilito van con su maestra y le preguntan:*
—¿De dónde vienen los niños?..."

L a lección trataba de los tiempos del verbo. La maestra les pide a los niños:

—Díganme en qué tiempo está el verbo en la frase siguiente: "Esto no debió haber sucedido".

Sin vacilar, Pepito responde:

—¡En preservativo imperfecto, maestra!

Pepito había visto siempre con atención profunda lo que hacen los perritos en la calle. Aquella tarde sus papás estaban en la recámara cerrada. Se había acabado el agua, de modo que la sirvienta calentó una tina para bañarse. Iba con la cubeta rumbo al baño cuando la ve Pepito. Se atraviesa el niño con los brazos abiertos en la puerta de la recámara de sus papás y dice muy alarmado a la muchacha:

—¡A ellos no, Famulina! ¡Ellos se despegan solos!

La mamá de Pepito le repasaba la lección de Geografía:

—¿Cuál es la capital de Coahuila?

Pepito no responde.

—Es Saltillo —le dice la mamá—. Y por no haberlo sabido, no te daré sal hoy en la noche.

—A ver —le dice en seguida—, ¿cuál es la capital de Aguascalientes?

Tampoco puede contestar Pepito.

—Es Aguascalientes —le dice la mamá—. Y por no haberlo sabido no te daré agua hoy en la noche.

En eso interviene el papá de Pepito:

—Pregúntame a mí algo —pide a la señora.

—Dime —lo interroga ella—, ¿cuál es la capital de Sinaloa?

El señor se queda callado. Y dice Pepito a su mamá:

—¿Le das tú la mala noticia, mami, o se la doy yo?

—A ver, Pepito —pide la maestra—. Escribe en el pizarrón la cualidad más grande que tengas.

Pepito escribe: "La cualidad más grande que tengo es mi...".

La profesora se indigna.

—¡Pepito! —exclama—. ¡Al terminar las clases te quedarás a hablar conmigo!

Pepito vuelve a su lugar. Al pasar les guiña el ojo a sus compañeritos y les dice en voz baja:

—¿Lo ven? ¡Da resultado la publicidad!

Les dice la maestra a los niños:

—Les voy a dictar algo. Escriban: "Fábula de La Gallina de los Huevos de Oro".

Juanilito, compañero de banco de Pepito, se vuelve hacia él y le pregunta en voz baja:

—Oye: la palabra "huevos" ¿se escribe con v chica o con b grande?

—No sé —responde Pepito—. Por si las dudas yo mejor puse "cojones".

La maestra les iba a poner adivinanzas a los niños:

—Tú no contestes, Pepito —le advierte al precoz chiquillo—. Siempre te adelantas y no dejas que los demás niños participen.

Luego propone la primera adivinanza: "Agua pasa por mi casa, cate de mi corazón".

—¡El aguacate! —responde Pepito.

—Te dije que no contestes tú —se enoja la maestra—. A ver, esta otra: "Lana sube, lana baja".

—¡La navaja! —prorrumpe Pepito.

La maestra se enoja y le ordena con irritación:

—¡Se me sale y no regresa!

—¡El -edo! —grita triunfalmente Pepito.

Pepito y Juanilito, escolapios del quinto año de educación primaria, recibieron de su maestro la tarea de entrevistar a un diputado a fin de averiguar qué es lo que hace un representante popular. Así pues los dos chiquillos se apersonaron en el recinto de la Cámara y ahí vieron a un señor con aspecto de importante que en ese momento llegaba, presuroso:

—Señor —lo interroga Pepito—, ¿es usted diputado?

—Mire usted... —empieza a responder el aludido. Y es que todos los diputados comienzan con esas palabras sus respuestas, y luego usan otras frases sacramentales como "asignatura pendiente" y "no se vale", o voquibles como "escenario", "lectura", "contexto" y otros de similiar jaez que forman una especie de argot político con el que algunos de los hablantes suplen su insuficiencia verbal. Pero advirtió el sujeto que quien le hablaba era un niño, de modo que a la pregunta:

—¿Es usted diputado? —respondió sencillamente:

—Sí.

—¿Nos permite hacerle una entrevista? —solicitó Pepito.

—Mire usted... —volvió a decir el hombre. ¡Ah, la fuerza de la costumbre! Recapacitó de nuevo y contestó—: Ahora no puedo, niños, pues la sesión está a punto de empezar. Pero podemos negociar el punto: ¿qué les parece si me esperan, y hablamos al término de la reunión?

Y así diciendo, sin esperar respuesta, entró en el salón de sesiones. Catorce ujieres cerraron tras él la puerta del recinto. Uno solo podía cerrarla, pero el personal del Congreso es numeroso, por la importancia del Poder Legislativo. Quedaron fuera, pues, Pepito y Juanilito.

—¿Qué hacemos, tú? —pregunta éste.

Propone Pepito:

—Déjame ver qué puedo oír a través de la cerradura de la puerta. Quizás eso nos sirva para hacer la tarea.

En efecto, el niño pega la oreja a la cerradura, y empieza a oír estas palabras: "¡Ladrón!"... "¡Cochino!"... "¡Idiota!"... "¡Ratero!"... "¡Cínico!"... "¡Payaso!"... "¡Corrupto!"... "¡Sinvergüenza!"... "¡Imbécil!"....

Pregunta ansiosamente Juanilito:

—¿Qué dicen, eh? ¿Qué dicen?

Le contesta Pepito:

—Están pasando lista.

Pepito discutía con el niño vecino, Juanilito, acerca de la estatura de sus respectivos papás. Cada uno afirmaba que el suyo era más alto:

—Mi papá es tan alto —declara Juanilito— que cuando levanta el brazo toca el cielo.

—¿Y siente algo blandito? —pregunta **Pepito**.

—No sé —vacila el otro niño—. Supongo que sí.

Dice Pepito:

—Son los de mi papá.

Pepito y Juanilito van con su maestra y le preguntan:

—¿De dónde vienen los niños?

Ella responde con una sonrisa:

—Los trae la cigüeña.

Se van los dos pequeños, y Pepito le dice a su amiguito:

—No voy a dudar de la maestra, pero por mucho esfuerzo que hago no puedo imaginarme a mi papá follando con una cigüeña.

Juanilita tenía una inquietud, y la comparte con Pepito:

—Oye —le pregunta—, ¿a dónde se va la cigüeña después de traer a los bebitos?

—No sé la de tu casa —responde el precoz niño—. La nuestra se mete en los pantalones de mi papi.

El inspector escolar llega a la clase de Pepito. Sin saber con quién trataba, se dirige al tremendo niño y hablándole de usted le ordena con tono pedantesco:

—Póngase de pie.

Pepito se levanta.

—Pase al pizarrón.

Pepito pasa.

—Tome un gis.

Pepito toma un gis.

—Anote.

Pepito dibuja un círculo grandote.

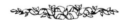

Pepito estaba haciendo la chis en el baño de su casa, cuando la tabla del mueble correspondiente se vino abajo y le cayó en la partecita que estaba empleando para el fin que arriba se citó. Lanzó el niño un ululato de dolor, y el grito hizo que su mamá llegara corriendo a ver qué había pasado. Pepito le contó lo qué le había sucedido y la señora, dulcemente, empezó a consolarlo diciéndole, al tiempo que le frotaba con ternura la parte dolorida:

—Sana, sana, colita de rana...

—¡Nada de sana sana! —protesta entre sus lágrimas Pepito—. ¡Besitos, como a mi papá!

En el examen público el inspector escolar les pregunta a los niños:

—¿Cuál fue la ruta de Hernán Cortés?

—¡La Malinche! —contesta Pepito sin pedir permiso.

El inspector, nervioso por las risitas que la respuesta del chiquillo levantó entre los padres de familia, le aclara a Pepito:

—Dije: "la ruta".

—Ah, vaya —dice el niño—. ¿Sabe qué oí yo?

Nuevas risitas.

—Ejem... —vacila el inspector—. No; no sé qué oíste.

—¿Se lo digo? —propone Pepito. Más risas entre los papás.

—No —se aturrulla el inspector—. Creo que no es necesario que lo digas.

—¡Sí, sí! —piden algunos, divertidos—. ¡Que diga qué oyó!

El inspector se prepara para lo peor, pues ya conocía las salidas del tremebundo niño.

—Está bien, Pepito —suspira resignado—. Di qué fue lo que oíste cuando pregunté cuál fue la ruta de Hernán Cortés.

Contesta Pepito:

—Oí: ¿cuál fue la ruca de Hernán Cortés?

Pepito logró que Rosilita aceptara ir con él al fondo del jardín, donde nadie los podía ver:

—Ya sé lo que quieres —le dice la niña con pícara sonrisa—. Quieres que juguemos a ser marido y mujer.

—No —responde Pepito—. Si jugamos a eso entonces ya no vamos a hacer cositas.

El director de la escuela primaria se presentó en el salón de primer año para ver cómo le estaba yendo a la nueva maestra en el primer día de clases.

—Todo va bien —le dice la maestra—. Pero tengo el caso de ese niñito, que debería estar en tercero de kinder. Se metió en mi salón, y lo veo tan listo que no sé si deba regresarlo.

—A ver —dice el director a la maestra—: hágale algunas preguntas para ver si es realmente tan listo como usted dice.

La profesora llama al pequeñito y le pregunta:

—A ver, Pepito: ¿qué es lo que un perro hace en tres patas, un hombre hace de pie y yo hago sentada?

—Saludar de mano —responde sin vacilar el pequeñito.

—Muy bien —dice la maestra—. Respóndeme ahora esto: las vacas tienen cuatro y yo tengo nada más dos. ¿Qué son?

—Las extremidades inferiores —contesta el chiquitín.

—Perfecto —acepta la maestra—. Ahora ésta: ¿qué es lo primero que le mete el hombre a la mujer cuando se casan?

—El anillo —replica el muchachito.

En ese momento interviene el director:

—Mire, maestra —dice en voz baja a la profesora—. Ponga a este niño no en tercero de kinder, sino en sexto de primaria. ¡Yo me equivoqué en todas las preguntas!

Le dice la maestra a Pepito:

—Tengo en la mano una cosa redonda y anaranjada. ¿Qué es?

Responde Pepito:

—Una naranja.

—No —dice la profesora—. Es una pelota de tenis. Pero tu contestación muestra tu forma de pensar.

Le pregunta a su vez Pepito a la maestra:

—Tengo en mi mano una cosita blanca que termina en una cabecita roja. ¿Qué es?

—¡¡Pepito!! —se escandaliza la maestra.

—Es un cerillo —le dice Pepito—. Pero su respuesta muestra su forma de pensar.

La maestra del kinder les dice a los pequeños:

—Vamos a usar nuestros deditos para contar hasta diez.

Al escuchar aquello Pepito se abre con prontitud la braguetita.

—¿Por qué haces eso? —se sorprende la maestra.

Responde Pepito muy orgulloso:

—Yo sé contar hasta 11.

7 | De los aviones, y de otros cuentos inocuos (sólo relativamente)

"...Poco después aparece el piloto. La alarma de los pasajeros aumentó. ¡El hombre era completamente ciego!..."

E stamos en un aeropuerto. En la sala de última espera los pasajeros aguardaban el anuncio para subir al jet.

—No tarda en llegar la tripulación del vuelo —informa la chica de la línea aérea a quienes esperaban.

Y en efecto, a poco aparece el copiloto del avión. La gente se inquietó al verlo: su paso era inseguro; iba con los brazos tendidos hacia adelante, igual que ciego, tentaleando el aire. La causa de su vacilación era evidente: no veía casi; llevaba unos lentes de gruesos cristales como fondo de botellas. Con lentitud, y ante la mirada estupefacta de la gente, desaparece por el pasadizo que conducía hacia el avión.

—No se alarmen ustedes —dice con una sonrisa la muchacha de la línea a los pasajeros—. No ve muy bien, es cierto, pero es el mejor copiloto de la línea.

Poco después el piloto. La alarma de los pasajeros aumentó. ¡El hombre era completamente ciego! Llevaba un bastón de invidente, y la muchacha tuvo que tomarlo del brazo para llevarlo al avión. Regresa la chica y dice a los pasajeros sin dejar de sonreír:

—Tampoco se preocupen. El piloto es ciego, en efecto, pero es el mejor de la línea. Con la experiencia que tiene no necesita de la vista para llevar el avión a su destino.

Pasado un tiempo, se hace el anuncio de rutina y los pasajeros empiezan a subir al jet. Cada uno toma su lugar; el personal de vuelo cierra la puerta de la nave y ésta empieza a moverse para ir a su sitio de despegue. Los motores del avión rugen y la poderosa nave empieza su carrera por la pista. Toma velocidad y avanza, pero sin despegar. Los pasajeros se miran entre sí con nerviosismo. Avanza y avanza por la pista el jet, y crece su velocidad, pero no se eleva. La gente se alarma: ya va el avión más allá de la mitad de la carrera y no despega. Comienzan a escucharse voces de inquietud. Sigue el avión a toda velocidad, mas no despega. Todos empiezan a agitarse llenos de temor. ¡El jet va a llegar ya al extremo de la pista y no levanta el vuelo! ¡Ahí están ya las rayas blancas que indican que la pista ha llegado a su final!

Se escucha un unánime y estentóreo grito de terror:

—¡¡¡¡Aaaaaayyyyy!!!

En ese preciso instante el avión levanta el vuelo y sube majestuoso por el cielo. Los espantados pasajeros suspiran con alivio; sueltan los brazos de los asientos, a los cuales se habían agarrado llenos de pánico, y se recargan secándose el sudor que les perlaba el rostro. En la cabina del jet el piloto le dice al copiloto:

—¡Carajo! ¡El día que no griten nos vamos a dar en toda la madre!

El jet iba a hacer un aterrizaje de emergencia. La ingenua muchacha le dice a su audaz compañero de asiento:

—Perdone usted, señor: efectivamente oí el aviso de que hay que poner la cabeza entre las piernas, pero creo que cada quien en las suyas.

Cierto individuo fue a registrarse en un partido como aspirante a diputado.

Le pregunta el registrador:

—¿Tiene usted antecedentes penales?

Pregunta el otro con inquietud:

—¿Es requisito?

Los marineros de un barco trataban muy mal al cocinero, un chino de nombre Chang. Un día, arrepentidos por esos malos tratos, le prometieron que en adelante se portarían bien con él:

—Glacias —les dice el cocinero—. En adelante Chang les menealá su té con una cuchalita.

—¿Con una cucharita? —se extraña uno de los marinos—. Pues ¿con qué nos meneabas antes el té?

Responde Chang con una gran sonrisa:

—Cuando se poltaban legulal se los meneaba con el dedo.

Una señora decía con mucho orgullo a otra:

—Mi niño tiene cuatro años y ya sabe leer y escribir, y además suma, resta, multiplica y divide.

—Pues el mío —replica la otra señora—, tiene apenas seis meses y ya sabe cómo andan las cosas en el país.

—¿Ah, sí? —se sorprende la otra señora—. ¿Y por qué dices que ya sabe cómo andan las cosas en el país?

—Es que se la pasa llorando todo el tiempo.

En la fiesta, los invitados se jactaban de la afortunada niñez que habían tenido. Declara uno:

—En mi familia se comía a la francesa.

Se ufana otro:

—En la mía comíamos a la italiana.

—Pues en mi casa —declara un tercero— comíamos a la carta.

Todos se admiran.

—Sí —precisa el individuo—. Mi papá nos repartía la baraja y nos decía: "El que tenga la carta más alta es el que come".

Dice un sujeto a otro:

—El maestro Tibón opina que el ombligo es el centro erótico.

—¡Mira! —se sorprende el otro—. ¡Yo más bien lo hacía en la periferia!

Le cuenta un granjero a otro:

—Puse un espantapájaros en mi sembrado, y los cuervos ya no se roban los elotes.

—Eso no es nada —dice el otro—. Yo puse un re-trato de mi suegra y los cuervos vinieron a devolver los que se robaron el año pasado.

Pregunta: ¿Por qué todo hombre de edad duerme con una mano en el corazón y la otra en la entrepierna?
Respuesta: Para ver cuál se para primero.

Entró un sujeto a un sitio donde vendían comida rá-pida y pidió una hamburguesa y un hot dog.

Llegó a su mesa la encargada de servir los alimen-tos y le puso enfrente un plato con las dos mitades del pan de la hamburguesa. Se llevó luego la mano a una axila y de ahí extrajo la carne, que puso sobre el pan. Explica la mujer:

—Me pongo ahí la carne para que no se enfríe.

Responde el individuo:

—Ya no me traiga el hot dog.

El conferencista narraba la vida de un famoso militar:

—Durante una de sus campañas —relata— fue he-rido en los Países Bajos.

Una señora se inclina sobre su compañera y le dice con voz llena de admiración:

—¡Qué sutil! ¡Sabe cómo decir las cosas sin ofen-der!

Fallaron los motores del avión en que viajaba un equipo de futbol y el piloto se vio obligado a hacer un aterrizaje forzoso en plena selva. Aquella era tierra de antropófagos. Llegaron los caníbales y se comieron a todos los titulares del equipo. Luego mandaron a calentar a los suplentes.

Tres amigos expertos en cosas de amoríos cambiaban impresiones acerca de un tema interesante: la ropa íntima femenina.

—A mí me gusta sencilla y sin adornos —decía uno.

—A mí, en cambio, me gusta con encajes y otros detalles atrevidos —dice otro.

—Pues a mí —dice el tercero—, me gusta que la ropa íntima femenina sea como los libros que leo.

—¿Cómo? —le preguntan.

—Con un enorme contenido humano —dice el tipo.

Pregunta: ¿En qué se parece el Viagra a las atracciones de Disneylandia?

Respuesta: Son 2 horas de espera para 2 minutos de diversión.

En Transilvania una espantada doncella le contó a su madre que Drácula había entrado a su cuarto por la ventana:

—¡Espíritus de la noche! —exclama la señora, que sacaba sus interjecciones de las óperas de Wagner—. Y ¿qué te hizo?

La muchacha describió lo que el nocturno visitante le había hecho. Manifiesta la mamá:

—No era Drácula.

En la fiesta los jóvenes invitados hablaban del trabajo que cada uno tenía. Todos dijeron de su actividad, menos una muchacha de abundantes y redondeadas formas glúteas:

—Y tú —le pregunta alguien— ¿de qué vives?

Ella vacila y luego contesta:

—De lo que tengo depositado en el banco.

Una de las invitadas la corrige:

—Es silla.

—¿En qué trabajas ahora? —pregunta un tipo a otro. Responde éste:

—Soy ayudante de Pompona la Caderona, esa vedette que actúa en el Waiquirí. Por veinte pesos diarios la ayudo a vestirse y a desvestirse.

—Veinte pesos es muy poco, ¿no? —se asombra el otro.

—Sí —responde el individuo—. Pero no le puedo dar más.

Van dos muchachas por la calle y ven a un individuo más feo que Picio.

—¡Qué hombre tan feo! —exclama una—. ¡En vez de pajarito ha de tener murciélago!

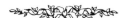

La pizpireta muchacha entró a trabajar en una guardería. Le correspondía dar el alimento a los bebés.
   La jefa le pregunta:
   —¿Conoces la fórmula para los niños?
   —Claro que sí —responde ella—. Dos copitas, música romántica y apagar la luz.

Declara con orgullo el joven boy scout:
   —Ayer hice mi buena obra del día. Evité una violación.
   —¡Maravilloso! —exclama el jefe de grupo—. ¿Cómo hiciste para evitar esa violación?
   Responde el boy scout con una gran sonrisa: —La convencí.

La niña piel roja le preguntó a su mamá por qué le habían puesto el raro nombre que llevaba.
   Responde la señora:
   —Los pieles rojas les ponemos a nuestros hijos nombres relacionados con la causa de su nacimiento. ¿Entendiste, Píldora Olvidada?

La directora del colegio de señoritas llama a la prefecta de disciplina y le dice alarmada:
   —Mire usted, maestra Perséfona: en este mes ya son siete nuestras alumnas que resultan embarazadas. Algo está en el aire. ¿Qué cree usted que sea?

—No sé, señora directora —responde la prefecta—. Han de ser las piernas de las muchachas.

Mercuriano, agente viajero, iba por el campo en su automóvil una noche de tormenta cuando el vehículo sufrió una descompostura.

La narración sigue el curso acostumbrado: el viajero vio a lo lejos una luz, se dirigió hacia ella y llegó a la casa de un granjero. Le pidió que le permitiera pasar la noche en su casa. El granjero aceptó, pero le dijo que tenía una hija bella y joven: ¿haría el viajero honor a las leyes de la hospitalidad y no aprovecharía la ocasión para cebar en la núbil doncella los bajos instintos de la carne a cuya satisfacción son tan proclives los viajantes de comercio?

El agente dio mil seguridades de su caballerosidad, pero su voluntad flaqueó cuando al llevarlo el dueño de la casa a la habitación que le tenía destinada, atisbó a una bellísima muchacha mezcla de la María de Isaacs y de las voluptuosas huríes de Loti (Catón, se ve que el columnista está atrasado en sus lecturas. No cita a Savater, ni al señor ese que vive en Lanzarote, sino a Isaacs y Loti, dos escritores del pasado siglo. Háganme mis cuatro lectores el refabrón cavor. Por eso no hay progreso en las letras nacionales.)

El caso es que el viajero se acostó a dormir en la soledad de su cámara. ¿Dije a dormir? Estoy mintiendo. La imagen de la ninfa no se apartaba de su mente y le encendía el cuerpo en inefables y vagas sensaciones. ¿Qué hacer? (¡Contente, viajero! No caigas en *inordinatus appetitus voluptatis venereae*, y menos aún en *voluntaria seminis effussio absque concubitus*, extremos ambos que han llevado a muchos desdichados a la perdición del alma, o por lo menos del pelo.)

En esas cogitaciones estaba abstraído Mercuriano, cuando de pronto escuchó leves pasos en el corredor, como de pies descalzos. Se abrió la puerta del aposento y entró la muchacha. ¡Ah! Cubierta sólo por una inconsútil bata de organdí, batista o indiana (aquí se observa otra vez el atraso del autor), la joven mujer no parecía tal, sino más bien sílfide, náyade, nereida, ondina, hespérida o dríada. ¡Qué belleza!

No la describo porque —al fin hombre— me son anejas las tentaciones de la carnalidad, y las elevaciones del cuerpo son enemigas de las levitaciones del espíritu. Sólo digo que la entrada de la muchacha puso a Mercuriano en explicable estado de tensión.

—¿Se siente usted solo? —le preguntó la muchacha con voz que al visitante le sonó como de ruiseñor.

—Sí —respondió el viajero acezando—, muy solo.

—¿Tiene sitio en su cama? —volvió a inquirir la chica.

—Sí —contestó Mercuriano, haciéndose a un lado para dejar espacio—. Muy bien cabemos dos.

—Qué bueno —se alegra la sílfide, náyade, nereida, etcétera—: porque nos acaba de llegar otro viajero.

A aquella muchacha le decían "La diez para las dos". En esa posición tenía las piernas casi siempre.

En el campo nudista le dice el apasionado amador a la muchacha:

—¡Te quiero, Pelerina! ¡Te amo con verdadero amor!

Ella baja la vista, emocionada, pero inmediatamente la levanta.

—No mientas, Raniel —le dice a su galán—. Estoy viendo que lo que sientes es puro deseo.

Una chica sufrió una decepción, y eso la hizo ponerse filosófica. Le dice a una compañera de oficina:

—El amor es algo doloroso.

Replica la otra:

—A mí se me hace que no lo estás haciendo como se debe.

Se anunció una conferencia sobre eyaculación precoz. Empezó a las 8 y acabó a las 8 con 12 segundos.

El joven y guapo conferencista hablaba ante un público formado exclusivamente por mujeres. El tema versaba sobre las características de los dos sexos.

—Entre el hombre y la mujer —dice el apuesto disertante— hay una enorme diferencia.

Y gritan a coro todas las señoras:

—¡A verla, a verla!

¿Cuáles fueron las primeras palabras que Adán le dijo a Eva?

Fueron éstas:

—¡Hazte a un lado, no sé esta cosa hasta dónde vaya a llegar!...

¡Caray!

El letrero decía: "La señorita Kamisowsky enseña el búlgaro".

Iba llegando un individuo, y otro que se retiraba le dice:

—Te vas a llevar un chasco. Es un idioma.

Llena de inquietud le pregunta la muchacha a su profesor de natación:

—¿Es cierto lo que me dice, maestro? ¿De veras me hundiré si me quita el dedo de ahí?

Se hacía una encuesta sobre sexualidad:

—Dígame usted —le pregunta una de las encuestadoras a un señor—. ¿Qué es más importante para usted en el amor?, ¿el tamaño o la técnica?

—La técnica, desde luego —responde el caballero.

La joven se vuelve hacia sus compañeras y les —grita:

—¡Muchachas! ¡Uno más de cosa chica!

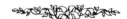

El señor, que vivía solo, iba a contratar a una nueva criadita. Le indica:

—Quiero que me limpies la casa, que me hagas de comer, en fin, que me laves la ropa y toda la cosa.

Contesta la criadita:

—Con lo de la casa y la comida no hay problema. Pero eso de que le lave la ropa y además toda la cosa, francamente no.

Le dice un tipo a otro:

—Salí de mi casa muy apresuradamente. Apenas tuve tiempo de darme un baño torero.

—¿Baño torero? —se extraña el otro—. Conozco el baño francés, consistente en perfumarse el cuerpo. Sé del baño vaquero, que consiste en lavarse cara y cuello. Pero ¿cómo es el baño torero?

Contesta el tipo:

—Orejas y rabo.

Don Geronte, señor de edad madura, llama a su hijo y le dice:

—Hijo mío: vas a contraer matrimonio el mes entrante. Bueno será que sepas algo que te será de mucha utilidad en la relación conyugal. Se trata del gran servicio que puede prestarte este dedo, el de enmedio, en tu vida de casado. Mira, hijo: cada dedo de la mano corresponde a determinada etapa de la vida, y cada uno expresa algo correspondiente a esa edad. Tomemos, primero, el dedo llamado gordo, el pulgar. Es el dedo del optimismo juvenil. Alzas un pulgar, o ambos, y eso es señal de bienestar, afirmación de que las cosas van muy bien. El dedo índice, hijo, es el dedo de la realización personal. Lo levantas en alto para decir: "Soy el número uno", o lo adelantas para impartir tus órdenes: "Tú, Fulano, haz esto; tú, haz aquello". El dedo de en medio, ya te lo dije, es el dedo más útil en el matrimonio. Pero de ése te hablaré después. Sigue el dedo anular. En realidad ese dedo no sirve para mucho. Lo usamos solamente para llevar la argolla de casados. Y, finalmente, el meñique. A pesar de ser el más pequeño, ese dedo sirve para mostrar que hemos llegado a la cima del poder y del éxito: al tomar la taza de té o de café erguirás el meñique en gesto de distinción y de elegancia que mostrará tu posición social.

—¿Y el dedo del matrimonio, padre? —pregunta el muchacho ansiosamente.

—Ah —responde el señor—. Es el más importante y debes aprender a usarlo. Mira: en la noche de bodas le demostrarás una vez tu amor a tu mujer. Dos veces se lo demostrarás, pues eres joven y te poseen las ansias del amor. Ella te pedirá una tercera vez y tú, a fuer de caballero enamorado, esforzarás tu celo en cumplir esa demanda. Pero te pedirá, otra vez, la cuarta y entonces tendrás que echar mano de toda tu energía para estar a la altura de las circunstancias. Ella, encendida en amor, querrá una quinta vez. Tú sacarás fuerzas de flaqueza y a duras penas satisfarás la petición. Pero ella no quedará contenta. Ignorante de que la naturaleza nos pone limitaciones a los hombres, te pedirá una sexta vez. Tú ya no podrás atender esa solicitud como atendiste las otras anteriores.

Entonces, hijo mío, es cuando interviene el dedo de enmedio. Cuando no puedas ya cumplir las demandas de tu señora esposa, golpéate varias veces la sien derecha con ese dedo y dile: "¿Estás loca? ¡Métete aquí en la cabeza que no soy una máquina sexual!".

Una chica de la vida alegre revela a su amigo:

—Todo lo que gano me lo guardo en el seno.

—Deberías guardártelo un poco más abajo —le aconseja el individuo—. Ahí tendría más interés.

Regresó a la ciudad aquel señor después de haber pasado todo el año trabajando en una remota mina:

—Oye —le preguntaban sus amigos—. Y si en la mina estaban puros hombres, ¿qué no tenías actividad sexual?

—Claro que la tenía —responde el señor—. Y súper.

—¿Cómo súper? —dicen sin entender los amigos.

—Autoservicio —responde el señor.

Pregunta: ¿Quién tiene la mejor y más moderna tecnología, el hombre o la mujer?

Respuesta: La mujer. ¿Por qué? Porque es digital. El hombre, en cambio, es manual.

Un europeo vino a México en viaje de negocios. Los negocios no están reñidos con el placer: siempre hay tiempo para todo, hasta para los negocios.

Así, el sujeto le preguntó a un botones del hotel si podía conseguirle compañía femenina. El muchacho no sabía dónde podría hallarse eso, pero, cosa extraña, una generosa propina hizo el milagro de aclararle súbitamente las entendedoras, y media hora después el europeo tenía en su habitación a una pizpireta chica de muy buen ver y de mucho mejor tocar.

El tiempo es dinero, como dijo el fabricante de relojes. Prontamente la muchacha se quitó la blusa. La mira el europeo y dice disgustado:

—¡Uf ¡En mi país las mujeres no se afeitan las axilas! ¡Parece que tienen estambre en ellas!

La chica se despoja de su siguiente prenda:

—¡Uf! —vuelve a molestarse el europeo—. —¡Nada en el pecho! ¡Las mujeres de mi país parece que tienen estambre ahí!

La muchacha se quita las medias:

—¡Uf! —exclama otra vez el individuo—. ¡En mi país las mujeres no se depilan las piernas! ¡Parece que tienen estambre en ellas!

Entonces es la muchacha la que se molesta:

—¡Bueno! —dice con impaciencia al europeo—. ¿Viniste a hacer el amor o a tejer?

Un individuo llega a su trabajo en la oficina con un ojo morado:

—¿Qué te sucedió? —quiere saber uno de sus compañeros.

—Fui a una fiesta de disfraces —narra el individuo—. Me tocó bailar con una muchacha que llevaba un vestido con el mapa de México. Cuando estábamos bailando me preguntó de dónde era yo, y lo único que hice fue poner el dedo en el Distrito Federal.

Discutían dos amigos en torno a una cuestión interesante: ¿quién goza más el sexo, el hombre o la mujer?
—Indiscutiblemente la mujer —afirma uno.
—¿Por qué? —pregunta el otro.
Explica el primero:
—Supongamos que tienes comezón en un oído. Con el dedo meñique te quitas esa comezón. ¿Cuál de las dos partes siente mejor? ¿El dedo o el oído?

Se incendió el motel y llegaron los bomberos. De entre el humo y las llamas apareció un sujeto en peletier que llevaba su ropa entre los brazos. Le pregunta con ansiedad a uno de los bomberos:
—¿No viste salir a una rubia de busto grande y grupa prominente?
—No —responde el bombero.
Le dice el individuo:
—Yo tengo que irme. Pero si ves a la rubia, te la puedes follar. Ya está pagada.

Tres amigas estaban conversando. Una de ellas era un poco sorda. Dijo una:

—En el super vi unos pepinos de este tamaño —y señaló con las manos.

Dijo la segunda:

—Yo fui al mercado y vi unas sandías enormes, ¡así! —y señaló también con las manos.

La sordita pregunta con interés:

—¿Quién? ¿Quién?

Al detective del hotel le pareció que la chica que llegó con el maduro caballero no era mayor de edad.

Los siguió hasta la habitación que el hombre había pedido, y lo que vio lo dejó estupefacto: el señor y la chica estaban sentados en el suelo, junto a la puerta del cuarto, sin entrar.

Desconcertado, pregunta el detective:

—Esta jovencita ¿tiene ya 18 años de edad?

El señor consulta su reloj y responde:

—Los cumplirá dentro de 10 minutos 11 segundos.

Terminado el trance de amor le dice la muchacha a su amador:

—Pitancio: ahora tendremos que casarnos.

Responde el incivil sujeto:

—¿Con quiénes sugieres?

En el banquete de bodas un señor con humos de orador se pone en pie a fin de pronunciar un brindis. Empieza con sonorosa voz:

—¡Pido a la novia que levante su copa!

Llena de confusión, la muchacha se acomoda apresuradamente el brassiére.

Una mujer procerosa —es decir, grandota— se presentó ante el juez y se quejó de haber sido víctima de violación, con pérdida total.

Acusó del delito a un individuo de estatura tan baja que el pobre se manchaba la nariz con el betún de sus zapatos. El sujeto, explicó la acusadora al juez, la había forzado estando ambos de pie:

—No entiendo —replica el severo juzgador—. Las leyes de la física, de Anaximandro a Zeeman, rechazan de consuno su versión. ¿Cómo pudo forzarla este individuo, si ofendida y ofensor estaban en posición vertical —así lo dice la declaración de usted—, y él mide un metro y medio de estatura, en tanto que usted alcanza 1.90?

Contesta un poco apenada la mujer:

—Bueno, quizá me agaché un poco.

Le pregunta la abuelita a su joven nieta:

—¿Qué tal tu nuevo novio, Dulcilí?

—Es muy lindo —responde la muchacha con acento ensoñador—. Cuando estamos juntos me baja el sol, la luna y las estrellas.

La señora se alarma:

—¿Y nada más eso te baja? —inquiere preocupada.

Dos esquimales veían un viejo ejemplar de la revista *Playboy*. Estaban vestidos con su *parka* y demás prendas de piel de foca, que los cubrían herméticamente de la cabeza a los pies.

Le pregunta uno con gran asombro al otro:

—¿Quieres decir, Nanuk, que también nuestras mujeres tienen todo esto?

En la agencia de automóviles el vendedor estrella se quejaba con una de las secretarias:

—Me ha ido muy mal —le dice—. Este mes tendré que vender algunos coches, o perderé mi buena fama.

—Pues yo —replica la muchacha— este mes tendré que vender mi buena fama, o perderé el coche.

Llega la chica a la oficina luciendo una cortísima minifalda:

—Es de verano —informa muy orgullosa a sus compañeros.

—Y sí se ve, sí se ve —le dice uno.

Esta era una muchacha que tuvo la peregrina idea de hacerse tatuar en el busto los retratos de dos novios que había tenido y a los cuales había querido mucho.

Pasaron los años, y en una reunión de antiguos alumnos los encontró a los dos. El ambiente de nostalgia y confidencias la llevó a revelarles a ambos aquel secreto y les mostró sus respectivas imágenes.

Después, ellos comentaban el suceso. Le pregunta uno al otro:

—¿Qué piensas de lo que hizo Bustolina?

Contesta el otro:

—No me gustó nada. Al paso de los años vamos a andar los dos por ahí con las caras largas.

Frente a la librería se había formado una enorme cola. Centenares de ansiosos compradores pugnaban por adquirir un libro que se había anunciado así: "¡Traducido directamente del francés y lleno de ilustraciones! ¡Compre usted el libro *Las mil mejores posiciones!*".

Asombrado, dice el dueño de la librería a uno de sus empleados, mientras registra en la caja la venta del enésimo libro:

—Caray, Soberanes, jamás había visto tal éxito para un libro de ajedrez.

Para redondear el presupuesto familiar, aquel pobre sujeto se presentaba los fines de semana como luchador enmascarado con el nombre de "El Relámpago Púrpura".

Un día lo contrataron para luchar con "La Bestia Negra", terrible luchador, rudo también y enmascarado. La lucha sería máscara contra máscara: el que perdiera se debería quitar la suya y dar a conocer su identidad.

Cuarenta y dos caídas duró la lucha, pues era sin límite de tiempo. Después de combatir más de dos horas, "El Relámpago Púrpura" logró vencer a su adversario. Sangrando, con dos costillas rotas, cubierto todo el cuerpo de violáceos moretones, reunió sus últimos arrestos y en un supremo esfuerzo logró poner la espalda de su rival contra la lona hasta que el árbitro hizo el conteo final.

Cuando "La Bestia Negra" se quita la máscara, "El Relámpago Púrpura" ve el rostro de su feroz enemigo y exclama con asombro:

—¿Usted, suegra?...

El cieguito pedía limosna en la puerta de la iglesia. Llega una viejita, y dice el cieguito con doliente voz:

—¡Una limosnita para este pobre ciego que no puede disfrutar el don más grande de la vida!

—¡Pobrecito! —se conduele la viejita—. ¿A qué edad lo caparon?

8 | De los bares y los borrachitos, y de los cantineros comprensivos

"...Estaba una mujer en cierto bar y se sentó a su lado un tipo de aspecto extravagante..."

En el bar don Astasio le cuenta a un amigo:

—Estoy pensando en divorciarme de mi esposa.

—¿Por qué? —pregunta el otro.

—Me hace objeto de chantajes sexuales —responde don Astasio—. Cada vez que le hago el amor me cobra mil pesos. Eso es para mí una humillación.

—Y grande —confirma el amigo—, sobre todo si tomamos en cuenta que a los demás nos cobra 500 pesos.

❧

Un borrachito entra en el elegante hotel y en el mostrador de recepción da fuertes golpes con la mano. El gerente levanta una ceja y le pregunta con ofendida dignidad:

—¿El señor está hospedado con nosotros?

—¿Que si estoy hospedado? —responde muy orgulloso el borrachín—. ¡Estoy hospedísimo, señor mío!

❧

El seductor recibe una misiva amenazante: "Muy señor mío: Me he enterado de que anda usted con mi esposa. Lo espero mañana a las 21 horas en el bar del hotel Tahl para hablar acerca del asunto.

Responde a la carta el seductor: "Estimado señor: Acabo de recibir su citatorio. Con mucho gusto asistiré a la convención".

Los esposos celebraban sus bodas de plata en el casino. Al final del banquete el señor se pone en pie y dice con solemnidad:

—Queridos amigos: permítanme unas palabras. Deseo expresar mi gratitud a la persona que durante estos veinticinco años ha sido compañía en mi soledad y consuelo en las horas difíciles; que me ha aconsejado siempre; que ha compartido mis tristezas y mis alegrías; que me ha escuchado y ha soportado con paciencia mis malos humores y mi trato, injusto a veces. Quiero...

La emoción le pone un nudo en la garganta y el señor ya no puede continuar. En los ojos de su esposa brotan las lágrimas. Para romper la tensión empieza a gritar la gente:

—¡Beso, beso, beso!

El señor va y muy emocionado le da un gran beso en la mejilla al cantinero del casino.

Estaba una mujer en cierto bar y se sentó a su lado un tipo de aspecto extravagante.

—Advierto en ti algo raro —le dice la mujer.

—Eres buena observadora —responde el individuo—. Soy uno de esos que ustedes llaman aliens. Acabo de llegar de Marte.

Se pusieron a platicar los dos, y tras un par de copas la charla se volvió íntima.

—Dime —pregunta la mujer—. ¿Cómo hacen el
amor ustedes los marcianos?

—Con el dedo —responde el extraño ente—. Toca-
mos a nuestra pareja y así se consuma la unión cor-
poral.

—Me gustaría probar —sugiere la mujer.

El marciano pone su dedo en la pierna de la chica.
Ésta comienza a sacudirse toda y a respirar con agitación. Pone los ojos en blanco; lanza luego un ululato de éxtasis y enseguida su cuerpo se afloja y ella
queda lasa, lánguida, agotada, como quedan los cuer-
pos tras el deliquio del amor.

—¡Estuvo sensacional! —alcanza apenas a decir—.
¡Házmelo otra vez!

El marciano le muestra el dedo dobladito y le dice:

—Tendrás que esperar una media hora.

Llegó a una cantina un individuo. Iba sin más compañía que la de su sed, de modo que tomó asiento solo, en la barra. Se le acerca el cantinero y le pregunta
qué quería tomar.

—Mire —contesta el individuo—. Me va a servir
usted cinco tequilas. Fíjese bien: cinco tequilas. Ni
uno más, Aunque yo le pida otro, usted no me lo sirva. Es que, ¿sabe?, tengo un problema muy grave.
Cuando me tomo más de cinco tequilas me da por repartir las nachas. Entonces, por favor, no me deje tomar más de cinco.

Algunos parroquianos oyeron la petición de aquel extraño tipo y cambiaron sonrisas con el cantinero. Este sirvió los cinco tequilas y el tipo se los tomó en silencio, tranquilo y ordenado. Al acabar de beber la quinta copa llama al cantinero y le pide la cuenta.

—Tómese otro tequila, señor —le dice el tabernero.

—No —responde el individuo—, ya le dije que si me tomo uno más me da por repartir las nachas.

—Vamos —insiste el cantinero ante la divertida concurrencia que oía aquello—. Es por cuenta de la casa.

—No puedo, muchas gracias —vuelve a decir el hombre—. Si me lo tomo empiezo a repartir las nachas.

Insiste el cantinero:

—Ande, tómeselo.

El tipo vacila un poco y dice luego:

—Bueno, está bien. Sírvamelo.

El tabernero le sirve el tequila y el hombre se lo bebe de un golpe. Todos quedan en suspenso. De pronto el individuo empieza a moverse con inquietud en su banquillo, y luego le cambia la expresión. Se vuelve hacia la concurrencia y empieza a decir dirigiéndose a los presentes:

—A ver: las tuyas p'al señor; las tuyas p'al joven; las tuyas p'al que está contigo....

En seguida se vuelve hacia el cantinero, saca una navaja, se la pone en el pecho al asustado barman y le dice:

—Y las de usted p'a mí.

Un tipo se acerca a otro en el bar y le pregunta con actitud amenazante:

—Dígame: ¿conoce usted a Gerinelda Mequinárrez?

—Permítame —responde el otro con toda calma, sacando una libretita negra—. Mequinárrez, Gerinelda. Sí, sí la conozco. Alta, morena, 28 años. Estuve con ella una vez. Mayo 24. Motel Principal.

El tipo se enfurece.

—¡Oigame! —dice rojo de cólera—. ¡Yo soy su marido! ¡Y no me gusta nada!

—A mí tampoco me gustó —replica el otro mostrándole la hoja de la libreta—. Mire, la tengo tachada.

En el lobby bar del hotel estaba una mujer que se veía a las claras que no acostumbraba afeitarse las axilas. Sentada en la barra levantaba el brazo una y otra vez a todo lo que daba para pedir su bebida al cantinero. En eso grita un borrachín:

—¡Una copa por mi cuenta para la bailarina!

El tipo que estaba al lado le pregunta con curiosidad:

—¿Cómo sabe usted que esa señora es bailarina?

Responde el borrachito:

—Una mujer que puede levantar la pierna tan alto tiene que ser por fuerza bailarina.

Un uniformado evidentemente ebrio insistía en cortejar en una fiesta a una muchacha.

—Retírese, por favor —le pide ella—. Está usted borracho.

—¿Borracho yo? —tartajea el tipo—. ¿Borracho el Tomandante del Segundo Botellón de la Tercera Briagada de Inflantería?

9 | DE LOS TOROS (Y OTROS CORNÚPETAS); DE UNA BOA SURIPANTA, Y DE DIVERSOS BICHOS DEL SEÑOR

"*...INEPCIO SE QUEJABA DE LA FRIGIDEZ DE SU MUJER. UN CIERTO COMPADRE SUYO LE ACONSEJA: — ESPERE A QUE SU MUJER ESTÉ DORMIDA...*"

A quel toro gozaba de fama en los rodeos. Ningún jinete había aguantado más de cinco segundos sobre él. Quienes lo montaban siempre caían por tierra tras sufrir violentas laceraciones corporales. (NOTA: En inglés la palabra "jineteo" se dice *scrambled eggs*). Cobró renombre legendario el terrible animal: cuando su nombre oían —se llamaba "Berserk"—, los más rudos vaqueros se echaban a temblar, y a más de uno lo acometía un accidente súbito de pringapiés, o sea despeño ventral, cursos.

Cierto día el toro fue llevado al gran rodeo anual de Donna, Texas. Cuando supieron que Berserk estaba ahí, todos los jinetes desaparecieron como por ensalmo. Ninguno se atrevía no ya a montar a aquel furioso endriago, sino ni siquiera a acercarse a él.

El *emcee* del rodeo anunció por el micrófono que la empresa ofrecía un premio de 100 mil dólares al jinete que aguantara 10 segundos sobre el lomo de Berserk. Nadie respondió a la convocatoria. Entre el público estaba un ancianito a quien sus nietos habían llevado al espectáculo.

Declaró el veterano:

—Yo puedo montarle a ese toro.

Nadie lo oyó al principio, pero el viejecito repitió su manifestación:

—Yo puedo montarle a ese toro.

—¿Qué dice usted, abuelo? —le pregunta un nieto.

—Que yo puedo montarle a ese toro.

Se rió el muchacho, y con él sus hermanos y quienes alcanzaron a oír lo que decía el anciano.

—Pero, abuelo —le indica uno—, Berserk ha derribado a los mejores jinetes del Oeste. Ni siquiera el gran Jim "Ironrump" Buttocks fue capaz de durar sobre él más de tres segundos. ¿Y dice usted que le puede montar?

—A Jim, no —precisó el señor—; pero al toro, sí.

—¡Está usted loco, abuelo! —clamó el muchacho.

Insistió el viejecito, con voz cada vez más alta. La gente se empezó a interesar y algunos en el público exigieron que los nietos respetaran los derechos humanos de su abuelo: si él quería jinetear al toro debían dejarlo.

—Se va a matar —opuso uno de los muchachos.

—Es su problema —replicó la gente.

Cedieron por fin los muchachos, y el viejecito bajó a la arena.

El empresario se asombró. ¿Aquel anciano iba a montar a Berserk? Sería bajo su propio riesgo, pensó.

Montó, pues, en el toro el ancianito, se abrió la puerta y salió rebufando el animal. Sus saltos y corcovas eran espantosos, lo mismo que las coces y cornadas con que batía el aire. Pero el viejecito no caía: ante el asombro de la gente se mantenía sobre los lomos de la bestia. Pasaron cinco segundos, ocho, diez, y el ancianito seguía firme.

Voy a acortar el cuento: a los tres minutos se agotaron los arrestos de Berserk, y el toro se echó en la arena, rendido y fatigado. Una ovación saludó la hazaña del anciano, que recibió los 100 mil dólares del premio. Regresó a la tribuna con sus nietos.

—¡Abuelo! —le dijo lleno de admiración uno de los muchachos—. ¡No sabíamos que era usted jinete de toros bravos!

—Nunca lo fui —respondió con gran modestia el ancianito—. Lo que sucede es que a la abuela de ustedes le daban ataques cuando yo le hacía el amor. Y si ella no logró desmontarme nunca, menos aún me iba a desmontar este animal.

Don Inepcio no conseguía que su mujer se emocionara en el curso del amoroso trance. Alguien le aconsejó que la llevara a Venecia y le hiciera el amor en una góndola al tiempo que el gondolero cantaba la barcarola intitulada *Peppona*, éxito de Enrico Caruso. Ese evocador ambiente, le dijo, seguramente despertaría el instinto romántico que la señora tenía adormecido. Siguió las instrucciones don Inepcio.

Con su mujer hizo el viaje a la Perla del Adriático (es decir, Venecia) y contrató los servicios de un joven y guapo gondolero. La noche era de plenilunio, pero además había luna llena, dos circunstancias que rara vez se dan al mismo tiempo. El gondolero bogó hasta ponerse bajo el puente de Rialto y ahí empezó a tañer su mandolina, y procedió a cantar la primera estrofa de "Peppona", éxito de Enrico Caruso.

Con ese fondo musical don Inepcio se aplicó a hacerle el amor a su esposa bajo el toldo colocado ex profeso. Pero la señora no daba trazas de sentir emoción. Después de un rato ella misma le hizo una propuesta a don Inepcio:

—¿Por qué no dejas que el gondolero venga conmigo, y tú cantas las siguientes estrofas de "Peppona", éxito de Enrico Caruso?

A don Inepcio no le pareció mal la sugerencia, y cambió de sitio con el gondolero. Se puso a cantar "Peppona", éxito de Enrico Caruso, y el apuesto mancebo fue hacia la señora. En un dos por tres la llevó a un estado de amoroso éxtasis.

—¿Cómo estás, mujer? —le pregunta don Inepcio desde afuera.

—¡Muy bien! —responde entre acezos la señora—. ¡Síguele! ¡Tú sí sabes cantar!

⁂

Viene en seguida la verdadera historia de "La perrita chihuahueña y el feroz león africano".

Una turista mexicana viajaba por el Continente Negro. (África, según dato reciente.) Llevó consigo a su mascota, una linda perrita chihuahueña más diminuta aún que aquella a la que dio popularidad Xavier Cugat.

Sucedió que el animalito salió del campamento y extravió sus pasos en lo más denso de la selva. (No de la jungla, pues jungla hay sólo en India y en otros países de Asia y América.) Perdida estaba la perrita, cuando advirtió que un feroz león andaba cerca y oliscaba el aire. Seguramente había sentido ya su olor y pronto caería sobre ella para devorarla. ¿Qué hacer para salvar la vida y no servir de bocadillo al león?

Encontró la perrita un montón de grandes huesos, restos seguramente de un animal comido por las fieras, y se puso encima de ellos. Cuando llegó el león, simuló la perrita que se acababa de dar un gran banquete, y que sólo dejó los huesos del animal que había devorado. Dijo en voz alta a fin de que la oyera el león:

—¡Caray! ¡De veras que son sabrosos estos leones! ¡No veo la hora de comerme otro!

Oyó el felino aquella exclamación y vaciló. Jamás había visto un perro chihuahueño y supuso que la perrita sería una temible bestia, un nuevo y peligrosísimo animal desconocido. Mejor haría en no meterse con aquella extraña criatura. Así pensando se retiró el león, cauteloso, y la perrita suspiró aliviada.

Mas ocurrió que un chango de mala entraña vio la escena y fue a buscar al león.

—Eres un tonto —le dijo—. Los huesos que viste eran ya viejos. Ese insignificante bicho te engañó. ¿Cómo piensas que una perrilla de tal tamaño puede matar al rey de la selva y tragárselo? Debes regresar y castigarla por su atrevimiento.

Movido por las palabras del macaco, volvió sobre sus pasos el león, hecho una furia.

Bien pronto dio con la perrita. Vio ésta con el rabillo del ojo que venía el felino y dijo en alta voz y con acento de impaciencia:

—¡Caramba! ¡Cómo tarda en llegar el otro león que el chango se comprometió a arrimarme!

—Estoy creyendo —dice un tipo a sus amigos—, que las cosas tienen alma.

—¿Ah sí? —preguntan ellos, muy intrigados al oír esa expresión poética—. ¿Por qué crees eso?

—Bueno —explica él—, llegué de un viaje antes de lo esperado, y al entrar en la recámara noté a mi señora muy nerviosa. Yo creo que algo presentía, porque al rato la casa se comenzó a quemar. Y cuando salí corriendo del cuarto, clarito oí al ropero grande decir con mucha angustia:

—¡Salven los muebles! ¡Salven los muebles!

Suena el teléfono en la oficina del agente de bolsa:

—Tengo una situación —le dice el tipo al otro lado de la línea—. A mi esposa le ha dado por salirse en las noches, tener aventuras con los hombres y cobrarles por eso.

—Mire, señor —dice el agente de bolsa—, mi número telefónico es muy parecido al del doctor Soberanes, el siquiatra. Creo que es con él con quien quiere usted hablar. Yo soy agente de bolsa.

—No —responde el tipo—, quiero hablar con usted ̶esito que nos aconseje para invertir las ga̶ ̶mi señora.

̶ la jaula donde los tenían y ̶ía de pollos.

escaparate, y uno de ellos le

—¡Por fin! ¡Siempre había querido conocer un teatro de burlesque!

Aquel señor tenía un amigo de juventud. Cierto día el tal amigo, que vivía en otra ciudad, le anunció su visita.

Fue a recibirlo en el aeropuerto, lo instaló en el hotel, y acordaron cenar esa misma noche en la casa del señor:

—¿Qué me sugieres hacer de aquí a entonces? —pregunta el amigo.

—Te diré —responde el señor bajando la voz en tono de complicidad—. Hay un suburbio rico que se llama Villa Petunia. Las señoras que ahí viven son de buen ver y de mejor tocar. Están solas todo el día, pues sus maridos se van a trabajar y no regresan sino hasta la noche. Algunas van al parque de la colonia, y ahí buscan quién les haga compañía. Ve allá; estoy seguro de que tendrás suerte y pasarás un rato ameno.

A media tarde el señor decidió ir a su casa a fin de disponer todo para la visita de su amigo. Entró y, ¡oh sorpresa!, ahí estaba su esposa refocilándose cumplidamente con el visitante.

—¡Desgraciado! —le grita éste a su amigo en paroxismo de furor—. ¡Te dije Villa Petunia! ¡Ésta es Villa Tulipán!

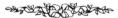

Casó un granjero viejo con una zagala en flor de edad. Al poco tiempo de celebrada aquella boda desigual el granjero le confía sus penas a un amigo:

—En las noches estoy ya muy cansado para cumplir el conyugal deber. Y cuando en el curso del día me llega el impulso de cumplirlo, ando en el campo lejos de la casa. Me apresuro a ir allá, pero cuando llego el impulso ya se me abatió.

—Haz esto —le recomienda el otro—. Lleva contigo tu escopeta. Cuando te acometa el natural instinto dispara el arma. Dile a tu esposa que al oír el tiro acuda a ti inmediatamente. Ella es joven; puede correr aprisa y llegará a tu lado cuando todavía te encuentres en aptitud de hacer honor a la condición de amante esposo.

Prometió el granjero seguir aquel consejo. Pocos días después le preguntó su amigo si había funcionado el método:

—Los primeros días sí —dice el granjero—. Disparaba yo la escopeta y llegaba corriendo mi mujer. Pero luego empezó la temporada de caza y ahora casi no la veo.

Enfermó la mamá de la señora, y ella tuvo que ir a cuidarla en la ciudad donde vivía. Cuando volvió, al cabo de dos meses, su esposo le hizo una confesión:

—Me sentí solo y le hice el amor a la vecina. Gasté mucho dinero, pues ella me cobraba mil pesos cada vez que me recibía.

—¡Mujer infame! —exclama hecha una furia la señora—. ¡Yo a su marido le cobro quinientos!

Le dice el niñito a su papá, que recién había entrado en la casa:

—¿Verdad, papi, que el Hombre Araña lleva un traje azul con rojo y una telaraña negra en la espalda?

—Así es, hijito —confirma el genitor.

—¿Lo ves, mami? —dice entonces el pequeñuelo a su mamá—. Te digo que ese hombre que está en calzones colgando de la ventana de tu cuarto no es el Hombre Araña.

Inepcio se quejaba de la frigidez de su mujer. Un cierto compadre suyo le aconseja:

—Espere a que su mujer esté dormida. Luego, acérquese a ella y murmúrele al oído esta tonada: "Turí turí". Ella abrirá los brazos por el conjuro de esa canción erótica y usted disfrutará cumplidamente de un amor hecho en la duermevela. Así hago yo con mi señora, y la táctica da resultados asombrosos.

El marido siguió al pie de la letra la recomendación. Llegó a su casa cuando calculó que su esposa dormía ya; en la penumbra de la habitación se desvistió y entró en el lecho. Acercó sus labios al oído de la señora y musitó:

—Turí turí...

Se movió ella en su sueño, abrió los brazos y dijo luego sin abrir los ojos:

—Nomás que sea rapidito, compadre, porque aquél ya no tarda en regresar.

Llegó el árbitro de futbol a su casa y encontró a su mujer en fuera de lugar con un desconocido y a éste en dentro de lugar. Con actitud determinada el árbitro va hacia ellos y les saca una tarjeta amarilla:

—Por ahora es amonestación —les advierte con severidad—, pero la próxima vez será tarjeta roja.

El niñito presumía de su papá en su salón de clase:

—Mi papá es bombero voluntario —decía—. Es muy valiente; cada vez que suena la sirena salta de la cama, se pone su casco, sus botas y su uniforme y sale a toda velocidad en su automóvil para ayudar a apagar el incendio. En cambio nuestro vecino el señor Godínez es un cobarde. Cuando la sirena suena le da tanto miedo que se viene a nuestra casa y se mete a la cama con mi mamá.

Llegó a su casa el recién casado y encontró a su todavía flamante mujercita en más que estrecho abrazo con un hombre alto, fornido, pelirrojo y rubicundo.

—¿Qué significa esto, Frinelia? —le pregunta en un paroxismo de indignación.

—Pero, Corneliano —se justifica ella—, recuerda que una vez que estábamos tomando whisky te confesé que de vez en cuando me gustaba un escocés y tú me dijiste que eso no tenía nada de malo...

Don Cornulio le cuenta a un amigo:

—Mi mujer está adquiriendo costumbres sexuales raras. Ahora le da por amarrarme a la cama.

—Bueno —razona el amigo—. Hay quienes gustan de esos juegos eróticos.

—Sí —concede don Cornulio—. Pero me deja amarrado y se va con otro.

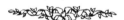

La señora le dice al consejero matrimonial:

—No hago el sexo a gusto. Mi marido me mira en forma extraña, y eso me pone muy nerviosa.

—¿Cómo la mira? —pregunta el consejero.

Responde la señora:

—Desde la ventana.

La señora quería divorciarse de su esposo:

—¿Por qué? —pregunta el juez—. ¿No llevan ustedes buenas relaciones?

—Yo sí las llevo —se apresura a decir el marido—, pero ella me las echa de la casa.

La señora llegó a su casa. Venía del consultorio del dentista y lucía un nuevo puente:

—¿Cuánto te costó? —le pregunta el marido.

—Nada —responde la señora—. El doctor me dijo que me quedara con él.

—Qué raro —se extraña el marido—. Y tú ¿qué le dijiste?

—Nada —contesta la mujer—. Me quedé un rato con él y no me cobró el puente.

Don Cornulio le cuenta a un amigo:

—No sé qué hacer con mi señora. Quiere estar haciendo el amor a todas horas.

—Oye —se sorprende el amigo—, muchos hombres estarían felices con una mujer así.

Responde apesadumbrado don Cornulio:

—Lo están, lo están.

Muy triste decía un muchacho a sus amigos:

—A mi novia Rosibel le gusta hacer el amor en el asiento de atrás del automóvil.

Los otros se sorprenden:

—¿Y eso te aflige? —le preguntan—. ¡Deberías estar feliz de que a Rosibel le guste hacer el amor en el asiento de atrás de tu automóvil!

—Sí —contesta el muchacho—. ¡Pero le gusta hacerlo con otro y que yo vaya manejando!

Movidos por la necesidad, el señor y la señora decidieron que ella saliera a la calle a hacer comercio con su cuerpo. Regresó la infeliz en la madrugada: traía mil cincuenta pesos.

—¿Mil cincuenta pesos? —se asombra el marido.
—¿Quién te dio cincuenta pesos?
Agotada responde la mujer:
—¡Todos!

Aquel granjero tenía tres vacas, y todos los sábados en la mañana las cargaba en un camioncito para llevarlas a una entrevista con el toro del vecino. Un cierto sábado se levantó ya tarde, pues se había desvelado la noche anterior. Cuando salió de su casa miró algo que lo dejó estupefacto: dos de las vacas se habían subido ya al camioncito y la otra estaba sonando el claxon.

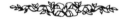

La cebra del circo le dice al burro del pueblo:
—Yo sé bailar, hacer cabriolas, saltar por un aro de fuego... Tú ¿qué sabes hacer?
Responde el burro:
—Quítate la piyama y te digo.

La serpiente boa decidió dedicarse a la prostitución: haría comercio con su cuerpo:
—Fracasarás —le dijo otra serpiente—. No podrás resistir la tentación de devorar a tus clientes.
—Te equivocas —le respondió la boa, y remarcó su afirmación con una sabia frase de aplicación universal: "Una cosa es una cosa y otra cosa es otra cosa".
Llegó el primer cliente. Era un conejito gordo y apetitoso. Hambrienta por varios días de ayuno, la boa,

en efecto, no se pudo contener, y empezó a tragarse al conejito.

Recordó de repente, sin embargo, lo que le había dicho su amiga, y lo regurgitó.

Sale a la luz el conejito, todo empapado, lleno de confusión, aturrullado, y exclama:

—¡Carajo! Si así estuvo la besadita, ¡cómo irá a estar la fornicada!

Ésta era una muchacha a la que le gustaba mucho la fiesta brava. Se había especializado en el conocimiento de los toros de lidia, y a tanto llegaba su saber que podía decir de cuál ganadería era un toro con sólo tocarle los atributos de toro que tenía y sin necesidad de ver la marca o fierro.

Cierto día, un caporal le mostró el encierro que se lidiaría el siguiente domingo, con reses provenientes de ganaderías diversas, y la retó a que adivinara la procedencia de los toros.

Ella comienza el tocamiento y va diciendo con gran seguridad:

—Éste es de Zotoluca. Éste viene de Piedras Negras. Éste es de Atenco. Éste es un Tepeyahualco. Éste es de San Mateo. Éste, de Garfias.

—¡No le falló a ninguno! —exclama con asombro el caporal—. ¡Cuando regrese a mi pueblo y cuente esto, nadie me lo va a creer!

—¿De dónde es usted? —pregunta la muchacha.

Contesta el caporal adelantándose:

—¡Adivíneme!

10 | DE HIMENIA, Y DE OTRAS MADURAS SEÑORITAS SOLTERAS

"...HIMENIA CAMAFRÍA... DESPERTÓ CUANDO AÚN NO AMANECÍA Y LO PRIMERO QUE HIZO FUE FROTAR CON PREMURA UNA LÁMPARA QUE TENÍA SOBRE EL BURÓ..."

Himenia Camafría, madura señorita soltera, conoció en una fiesta a cierto médico joven y no feo:

—Debería usted compadecerse de mí, doctor —le dice con un mohín de otoñal coquetería—. Sufro de sinusitis.

Responde el facultativo:

—No advierto en usted ninguno de los síntomas de la sinusitis.

—Sí, doctor —insiste la señorita Himenia—. Soy célibe y doncella. Sin-usitis.

El equipo anotó un gol. La señorita Himenia Camafría, madura soltera, saltó al campo y fue a abrazar con gran entusiasmo al portero:

—Pobrecito —le explica al árbitro que fue a sacarla del campo—. Todos se abrazan cuando meten gol, y a él lo dejan por acá, solito.

La señorita Himenia Camafría, célibe madura, llevó a su gato con el veterinario a fin de que lo "arreglara".

Después de la consabida operación el gato andaba triste, mohíno y apesadumbrado. No salía de un rincón. Lo ven otros dos gatos y uno de ellos comenta en voz baja:

—¡Pobre! ¡Seguramente se extraña a sí mismo!

Solsticia Sinpitier, madura señorita soltera, llegó a una mueblería y pidió con gran interés:

—Quiero ver esa sala sexual que anuncian hoy en el periódico.

—Seccional, señorita —precisa el dependiente.

—Uh, no —replica desdeñosa la señorita Sinpitier—. Eso no me interesa.

Himenia Camafría, madura señorita soltera, despertó cuando aún no amanecía y lo primero que hizo fue frotar con premura una lámpara que tenía sobre su buró. De aquella lámpara salió un genio de Oriente. Extenuado, exangüe, exánime y exhausto habla el genio con feble voz que apenas se escuchó:

—Te concederé tres deseos, ama. Pero, por favor: que no sean los mismos tres deseos de anoche.

La madura señorita soltera llega por la mañana a la administración del hotel y con airadas voces reclama la presencia del gerente. Cuando llega éste la señorita le dice indignada:

—¡Voy a demandar al hotel!

—¿Por qué? —pregunta alarmado el gerente.

—Por crueldad mental —dice la señorita.

—¿Crueldad mental? —se asombra el gerente—. No comprendo.

—No se haga el tonto —dice la señorita—. Me dieron el cuarto que está al lado de la suite nupcial.

Himenia, madura señorita soltera, se fue a confesar:

—Me acuso, padre —dice al sacerdote—, de que un hombre joven y guapo me tocó una pompi en el autobús.

—¿Y tú que hiciste con ese enemigo de tu honestidad y tu pudor, hija? —le pregunta el confesor.

—Lo que nos ordenó el Señor hacer con nuestros enemigos —responde piadosamente Himenia—. Le ofrecí la otra mejilla.

Himenia Camafría y Celiberia Sinvarón, maduras señoritas solteras, iban por la playa y vieron a un apuesto joven musculoso que hacía "lagartijas" sobre la arena. Exclama con gran pesar la señorita Himenia:

—¡Dios mío! ¡Qué movimientos tan desperdiciados!

Himenia Camafría, madura señorita soltera, leía el periódico:

—Mira —dice a su amiga Celiberia Sinvarón—. Agarraron a un terrorista de la Eta.

—¡Pobrecito! —se conduele la señorita Celiberia—. ¡Cómo le dolería!

Suena el teléfono en la demarcación de policía:

—¡Oficial! —dice una voz muy angustiada—. ¡Estoy hablando de la Casa de Maduras Señoritas Solteras! ¡Se metió un ladrón!

—¡Vamos inmediatamente! —indica el policía—. ¿Quién habla?

—¡El ladrón! —responde la angustiada voz.

La señorita Celiberia Sinvarón y su amiguita Solsticia tenían en sociedad una farmacia. Cierto día llegó un sujeto con aire de angustiado. Le dice a la señorita Celiberia:

—Padezco una erotomanía incontenible: cada hora tengo que hacerle el amor a una mujer o, si no, me vuelvo loco. ¿Qué me puede dar?

—Permítame un momentito —le pide la señorita Celiberia.

Regresa un minuto después y dice al tipo:

—Consulté el caso con mi amiga. Podemos darle un coche y la mitad de la farmacia.

La viejecita llega con el juez:

—Un individuo abusó de mí —se queja—. Primero me hizo objeto de tocamientos lúbricos; después, me arrancó la ropa poco a poco y por último cebó en mi cuerpo de doncella sus bajos apetitos de concupiscencia.

—¡Qué barbaridad! —se consterna el juzgador—. ¿Qué edad tiene usted, si me permite la pregunta?

—Ochenta años —contesta la ancianita.

—¡Dios santo! —se escandaliza el letrado—. ¡La bestia humana no reconoce límites! Y dígame: ¿cuándo ocurrió la violación?

—En 1941 —dice la viejecita—, poco antes del bombardeo de Pearl Harbor. Este diciembre se cumplirán sesenta años.

—¿Y hasta hoy viene a denunciar la violación? —se sorprende el juez.

—Su señoría —responde con un suspiro la viejuca—, recordar es vivir.

Himenia Camafría, madura señorita soltera, fue a la corte donde juzgaban a los delincuentes. El primero en pasar a juicio fue un ladrón especializado en forzar cerraduras:

—Que muestre su herramienta —pide el fiscal.

El ratero exhibe su colección de ganzúas.

El segundo era un violador.

—¡Enciérrenlo inmediatamente! —demanda el fiscal.

Pregunta la señorita Himenia, disgustada:

—¿A él no le va a pedir que enseñe la herramienta?

Se fue a confesar Himenia Camafría, madura señorita soltera:

—Me acuso, padre —dice al sacerdote— de que con frecuencia me recreo en pensamientos eróticos.

—Recházalos, hija mía —le aconseja el confesor—. Diles con todas tus fuerzas: "¡Alejaos de mí, malignos pensamientos! ¡Sois cosa del demonio!".

—¡Ay, no, padre! —se inquieta la señorita Himenia—. ¡Si les digo tan feo a lo mejor los pensamientos eróticos ya no regresan!

Himenia Camafría y Celiberia Sinvarón, maduras célibes solteras, veían a un guapo joven:

—¡Qué gran silueta tiene ese muchacho! —comenta Himenia con admiración.

Le dice la señorita Celiberia:

—Son las llaves.

11 | De los médicos y los farmacéuticos, y de dolencias varias

"...EL MÉDICO LE ORDENA A LA PACIENTE DE OPULENTAS FORMAS: —DESVÍSTASE, POR FAVOR..."

Una mujer decidió cambiar de sexo y convertirse en hombre. Tras una serie de operaciones, en efecto, perdió su calidad de hembra y se transformó en varón. Un periodista fue a entrevistarla:

—¿Resultaron dolorosas las operaciones? —le pregunta.

—Sí, —responde la mujer convertida en hombre—. Me dolió un poco cuando me quitaron el busto; pero la operación más dolorosa fue cuando me quitaron la mitad del cerebro.

La señora va con el médico:

—Doctor —le dice—, tengo un problema serio. Cuando mi marido llega al final del amoroso trance lanza un grito tal que a su lado los alaridos de Tarzán, el Rey de la Selva, son apagados murmullos, susurros inaudibles.

—Ése no es ningún problema, señora —le responde el médico—; antes bien, debería usted sentirse orgullosa y satisfecha de que su marido manifieste su éxtasis y su plenitud con ese penetrante grito de salvaje.

—¡Pero es que me despierta, doctor! —se queja la señora.

Este era un sujeto llamado Gorilio. Por su aspecto si-
miesco todos lo llamaban El Changuito. Un día su
abuelita pasó a mejor vida. Le pregunta un tipo a otro:
—¿Supiste que murió la abuelita de Gorilio?
—¿Del Changuito? —pregunta éste.
—No —responde el tipo—, del corazón.

Cierta vez ante un médico famoso llegóse un hombre
de mirar sombrío. Era tartamudo y quería saber si su
mal tenía remedio.

Después de un breve examen dictamina el médico:

—La raíz del problema está en su entrepierna. La
Naturaleza dotólo con exceso, y es esa demasía la que
tensa las cuerdas vocales de tal modo que su tarta-
mudeo se presenta. Tendré que cortar ahí si quiere
usted expresarse con normalidad.

Acepta el tartamudo, pues su ilusión era participar
en un concurso de oratoria, y el médico procedió a hacer la dicha tala. Al poco tiempo, sin embargo, el individuo se dio cuenta de que había cambiado lo más
por lo menos. Antes tartamudeaba, es cierto, pero también dejaba tartamudas a aquellas con quienes tenía
trato.

Así, regresó al consultorio:

—Doctor —dijo al galeno—. Estoy arrepentido. Le
pido por favor que me reimplante la parte perdida.

Contesta el médico agitando con energía los brazos:

—¡I-im-po-po-si-sible!

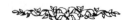

Un señor de ya avanzada edad llegó a una farmacia.
Le pregunta al farmacéutico:

—¿Tiene Viagra?

—Sí hay —responde el hombre.

—Déme un frasco.

Pregunta el responsable:

—¿Trae receta?

—No —contesta el señor.

—Entonces —le dice el farmacéutico—, no puedo
venderle ese producto.

—Por favor, no sea malo —suplica el caballero—.
Mire, aquí traigo a la enfermita.

Una mujer visita al siquiatra.

—No sé qué me pasa, doctor —le dice—. Siempre
tengo deseos de estar con un hombre. Por la mañana,
por la tarde, por la noche, a todas horas siento ese deseo. ¿Qué tengo?

—Está muy claro —le dice el médico—. Es usted
ninfomaníaca.

—¿Cómo dijo? —pregunta la mujer.

—Ninfomaníaca —repite el doctor.

—Anóteme la palabreja, por favor —pide ella—. Y
con todas sus letras, porque la que me dicen se escribe con menos.

Este mal individuo era de los que en España llaman
"chulos", en Francia "gigolós", en Estados Unidos

"pimps" y en México se designan con una palabra tan fea que no la puedo consignar aquí por el respeto debido a mis amables lectorcitas.

El tal rufián sintió en la entrepierna diversos malestares que lo llevaron a consultar a un médico. Después de los análisis y estudios pertinentes, le informa el galeno al individuo:

—Tiene usted lepra.

—¡Santo cielo! —exclama consternado el garitero—. ¡Se me va a caer el negocio!

Aquella muchacha tenía un perro afgano. El pelo de la cabeza le caía al animalito sobre los ojos y le impedía ver.

Fue la chica a una farmacia:

—Quiero un depilatorio fuerte —le pide al farmacéutico.

—Tengo éste —dice el de la farmacia mostrándole uno—. Pero tenga cuidado al usarlo: es el más poderoso que hay en el mercado; puede causarle ardor.

Aclara la muchacha:

—Es para mi afgano.

Le advierte el farmacéutico:

—Ahí le va a arder más.

Tirando de las pinzas con todas sus fuerzas, el novel odontólogo extrajo por fin la muela del atormentado paciente. Con alarma, el dentista en ciernes observó que de la muela pendía un largo filamento a cuyo extremo se veían dos bolitas.

—Caray, señor —dice a su aterrorizado cliente—.
Me temo que la muela tenía la raíz demasiado profunda.

El dentista tenía una ayudante, Rosibel.
Le dice la chica:
—Tiene una llamada, doctor.
Era un hombre que se quejaba de un fortísimo do-
lor de muelas y le pedía al dentista que lo recibiera de
inmediato.
—No puedo, señor —se disculpa él—. En este mo-
mento tengo una cavidad qué llenar.
Cuelga el dentista, y volviéndose hacia su pizpireta
ayudante le dice con una gran sonrisa:
—¿Lista, Rosibel?

Llega a la farmacia un viejecito y le pide al encargado:
—Déme, por favor, un paquetito de condoncitos. ¿Tiene algunos que no se doblen?

El farmacéutico fue al banco y dejó la farmacia a cargo de uno de sus hijos. Le recomendó que atendiera
solamente los pedidos acompañados de receta; los
otros ya los vería él a su regreso.
Mas sucedió que un hombre llegó poseído por gana
irrefrenable de rendir un tributo mayor a la Naturaleza y le pidió al jovenzuelo algo que lo ayudara a contener tal ansia. El muchacho se resistía a darle algún

medicamento, pero el señor insistió con muy premioso afán: si no le daba algún remedio, dijo, ahí mismo sucedería algún desaguisado. Temeroso, el muchacho le dio unas pastillas. El apurado tipo las consumió en el acto, tras de lo cual se retiró.

Poco después llegó el farmacéutico y su hijo le contó lo sucedido:

—¡Por Avicena, Banting, Bernard, Carrel, Esculapio, Fleming, Galeno, Hahnemann, Hipócrates, Jenner, Koch, Lister, Paracelso, Paré, Pasteur, Pauling, Salk y Wassermann! —juró el de la farmacia, y añadió—: perdón si omití a alguno.

Le recordó el muchacho:

—Don Santiago Ramón y Cajal.

—Ah, sí —reconoció el farmacéutico—. Pido disculpas a los tres.

Preguntó luego a su hijo:

—¿Qué le diste a ese desdichado?

—Pastillas de Valium —respondió el mozo.

—¡Lacerado! —clamó el apotecario—. ¡Eso no es para contener los pujos del estómago! ¡Iré a buscar al infeliz!

Salió, y preguntó a los vecinos si habían visto al hombre y qué rumbo tomó. Le dijo uno:

—Yo vi a un señor que iba en dirección del parque.

Allá fue el de la botica y, en efecto, vio al hombre sentado en una banca. Se dirigió hacia él y le preguntó lleno de inquietud:

—¿Cómo está usted?

—Muy bien, señor —respondió el caballero cortésmente—. Zurrado, pero tranquilo.

Mister Dickless acudió al consultorio del médico Aví-
cénez, famoso cirujano. Le dice:

—Estoy angustiado. Sufro una rara enfermedad
venérea. Su colega, el doctor Averrocio, opina que tendría que operarme para cortarme aquello.

—Desvístase —ordena el galeno—. Voy a examinarlo.

Obedece mister Dickless. Tras hacer el examen correspondiente dictamina el médico:

—Disiento de mi ilustre colega. Usted no necesita
operación.

—¿De veras, doctor? —suspira aliviado mister Dickless.

—Se lo aseguro —confirma el especialista—. A ver,
suba a esta silla.

Sube a la silla mister Dickless.

—Ahora, salte —le pide el facultativo.

Salta mister Dickless y con el golpe del salto se le
cae aquello.

—¿Lo ve? —declara triunfalmente el médico—. ¡No
era necesaria la operación!

El doctor Scheide, ginecólogo, practicaba una aus-
cultación digital a una paciente.

En eso suena el teléfono: era un colega del facultativo que le pedía instrucciones para llegar al sitio de
una fiesta. Sin quitar la mano de donde la tenía, el doctor Scheide empieza a dar las señas y las iba ilustran-
do con los correspondientes movimientos:

—Tomas la carretera; volteas a la izquierda en la
Ruta 16; continúas derecho, derecho, derecho hasta lle-

gar a una gasolinería; ahí das la vuelta en u, y te de-
vuelves; agarras a tu izquierda; luego volteas de nuevo a la derecha; sigues hacia adelante dos kilómetros;
das vuelta en una rotonda, y ahí es la fiesta.

El colega agradece las indicaciones, y el doctor
Scheide se dispone a colgar el teléfono. Exclama la
paciente respirando con agitación:

—¡Por favor no cuelgue, doctor! ¡Déle ahora las
señas del regreso!

Don Senilio, señor de edad madura, fue a consultar al
médico:

—Doctor —le pide—. Quiero que me dé algo, porque en cuestión de sexo yo ya no.

—¿Cuántos años tiene? —pregunta el galeno.

—Setenta —responde don Senilio.

—Entonces me lo explico —dice el médico—. A esa
edad el sexo ya no se da muy bien.

—Posiblemente —acepta don Senilio—. Pero yo he
oído de hombres mayores que yo, que todavía ejercen.

—También eso es natural —dice el doctor—. Mire:
esto del sexo lo vamos a hacer determinado número
de veces en la vida. Lo hacemos esas veces, se acaba
el sexo. Es como si tuviera usted una ristra de mil cohetes. Avienta sus mil cohetes al aire, llega el momento en que no tiene más cohetes que aventar.

—Quizá sea así, doctor —rezonga don Senilio—.
Pero francamente no creo haber aventado al aire mis
mil cohetes.

Replica el médico:

—También tiene que contar todos los que le trona-
ron en la mano.

El teléfono de la casa del joven doctor recién casado
sonó a las once de la noche. Llamaba una vecina:
—Doctor —le dice angustiada—. Venga, por favor.
Mi nena tiene una pierna dobladita.
—En este momento no puedo ir, señora —contesta
el joven médico—. Mi esposa tiene dobladitas las dos.

Un sujeto perdió el brazo derecho en un accidente:
—Le puedo trasplantar otro —dice el médico—. Des-
graciadamente tenemos ahora puros brazos izquier-
dos. Derechos nada más hay uno, pero es de mujer.
—Póngame ése, doctor —suplica el hombre.
Pasa el tiempo y el doctor encuentra en la calle a
su paciente.
—¿Cómo le ha ido con el brazo? —le pregunta.
—Muy bien, doctor —responde el tipo—. Funcio-
na a la perfección. El único problema es cuando voy
a hacer pipí. Tengo que usar la mano izquierda.
—¿Por qué? —se extraña el médico.
Explica el individuo:
—Si uso la mano derecha luego no me suelta.

El joven médico le ordena a la paciente de opulentas
formas:

—Desvístase por favor.

Le dice, suspicaz, la guapa chica:

—El doctor Galénez acaba de examinarme y me encontró perfecta.

Responde el otro:

—Precisamente por eso quiero que se desvista.

El señor de avanzada edad fue con el médico. No oía bien, le dijo, y sentía molestias en el oído izquierdo. El médico procedió a examinarlo y extrajo del oído un cuerpo extraño. Era un supositorio. Exclama con alegría el anciano:

—¡Ahora ya sé dónde puse mi aparato auditivo!

Llegó una chica de generoso busto con el médico y le dijo que le pasaba un caso muy extraño: cuando se quitaba el brassiére, su busto, en vez de caer, subía, se levantaba, se elevaba, ascendía, iba hacia arriba.

Ante el asombrado galeno hizo, en efecto, la demostración:

—¿Cómo ve, doctor? ¿Qué será esto?

—Mire —responde muy intrigado el médico—, no sé qué sea. Pero es contagioso.

La ingenua muchacha dice a sus amigas:

—Estaba sufriendo fuertes dolores de cabeza, y consulté a un pasante de Medicina. Tres veces a la semana me está haciendo una trepanación y los dolores se me han ido quitando.

—¡Oye! —se escandaliza una de las amigas—. ¡Una trepanación es peligrosísima! ¡Esa operación sólo la hacen los neurocirujanos!

—Las trepanaciones que me hace este muchacho no son nada peligrosas —dice la ingenua chica—. Nada mas se me trepa.

Lo mejor
DE
MIRADOR
ESCOGIDO
POR
CATÓN

Lo mejor DE MIRADOR ESCOGIDO POR CATÓN

EDITORIAL DIANA
MÉXICO

1a. Edición, Octubre de 2004
3a. Impresión, mayo de 2005

Diseño de portada e ilustraciones interiores: Alberto Hinojosa.

ISBN 968 – 13 – 3903 – 7

Copyright © 2004, Armando Fuentes Aguirre.

DERECHOS RESERVADOS ©
Copyright © 2004, EDITORIAL DIANA, S.A. de C.V.
Arenal N° 24, Edificio Norte,
Col. Ex Hacienda Guadalupe Chimalistac,
México D.F., C.P. 01050.
Tel (55) 50 89 12 20
www.diana.com.mx

DIANA

IMPRESO EN MÉXICO – PRINTED IN MEXICO

Contenido

Contenido

1 | De la creación, y de las primeras andanzas de Adán y Eva

Cuando el Señor estaba creando el universo le preguntó el Espíritu:

—¿Qué haces?

Respondió el Creador:

—Estoy haciendo un rompecabezas de mil millones de piezas.

Pasaron miles de millones de años. Un buen día Copérnico dio con la clave del sistema solar. Pasaron unos cientos de años más, y otro buen día Charles Darwin expuso la teoría de la evolución.

—¡Caramba! —dijo allá arriba el Creador—. Pensé que los hombres tardarían mucho en armar mi rompecabezas de mil millones de piezas. Pero van muy aprisa. Ya pusieron las dos primeras.

Al principio de la Creación no había nubes.

El cielo estaba siempre despejado, el sol brillaba de continuo y por la noche la luna y las estrellas iban por una clara bóveda celeste.

Todo en el cielo tenía exactitud; el curso de los astros era fijo; no había nada imprevisible.

Pero luego vino la mujer. Y dijo el Creador después de ver la forma en que se comportaba:

3

—Habrá mujeres en la tierra. Debe haber algo parecido a ellas en el cielo.

Fue entonces cuando creó las nubes, las caprichosas nubes.

༄༅༅༄

—Señor —preguntó Adán—, ¿para qué diste a los cocuyos esa pequeña luz con que brillan en la noche?

—Para facilitarles sus encuentros de amor.

—Y ¿para qué diste su canto a las ballenas?

—Por la misma razón: para que puedan encontrarse y amarse en la profundidad marina.

—Y a las flores, Señor, ¿para qué les diste su color y su perfume?

—También el aroma y el colorido de las flores sirven al amor.

—Ya veo —dijo entonces Adán—. Todo está encaminado al amor.

Y dijo Dios:

—Todo está encaminado a la vida. El amor, la vida y Yo somos la misma cosa.

—Ahora entiendo —reflexionó el hombre—. Una trinidad.

—Sí —concluyó el Señor—. Una santísima trinidad.

༄༅༅༄

El Señor hizo un movimiento de su mano y de la oscuridad nació la luz, del caos surgió el orden, de la inerte materia se levantó la vida, y de la nada todo comenzó.

Fue aquella una explosión radiante que llenó el universo con millones de chispas encendidas: las estrellas.

Oyó el Espíritu aquel trueno formidable y preguntó al Creador:

—¿Qué fue eso?

Le contestó el Augusto:

—Al paso de los siglos los hombres le llamarán *big bang.*

—Y eso ¿qué significa? —preguntó el Espíritu.

Le respondió el Señor:

—Quién sabe. No hablo inglés.

Hizo el Señor a las grandes bestias de la creación: el dinosaurio, el brontosaurio, el tiranosaurio...

Hizo después a los seres pequeños de este mundo: la pulga, la cucaracha, el mosquito...

Pasaron miles de años.

Y he aquí que desaparecieron de la faz de la tierra el dinosaurio, el brontosaurio y el tiranosaurio.

Y he aquí que existen todavía la pulga, la cucaracha y el mosquito.

Preguntaba Adán al Señor por qué había sucedido eso.

Y Él respondía:

—Lo hice para que conozcas la pequeñez que hay en los grandes y la grandeza que hay en los pequeños.

El Señor hizo a todas sus criaturas.

Hizo a los animales de la tierra.

Hizo a las aves del cielo.

Hizo a los peces del mar.

Finalmente hizo al Hombre.

Cuando los animales, los peces y las aves vieron al Hombre, dijeron con tristeza:

—¡Qué lástima! A partir de ahora todos somos especies en vías de extinción.

❧

Decían la verdad los cosmógrafos antiguos: en un principio la Tierra fue plana.

Dios la hizo así, en efecto, como una hoja de papel. Sucedió, sin embargo, que no le gustó nada. Entonces, la tomó en sus manos y la arrugó para tirarla, como hace uno con la hoja en que escribió algo que no le agrada luego. La iba a aventar lejos, como cosa mal hecha e inservible, mas la sintió en la mano, redondita, y la miró.

¡Qué bien se veía la Tierra, como una pequeña pelota de papel suave y arrugada!

Y ya no la arrojó de sí el Creador. Soplando sobre ella la puso a girar en la curva azul del cielo. Ahí sigue la Tierra, girando todavía, con sus arrugas que ahora se llaman los Alpes, el Gran Cañón del Colorado, los Andes, la cordillera de los Himalayas, el Everest y, sobre todo, el formidable Cerro del Pueblo en mi natal Saltillo.

❧

Bajan en su camino al mar los ríos de África, y sus aguas desgastan la dureza de la roca. Arrastra la co-

rriente los granos desprendidos por el continuo roce y los deposita en el fondo del océano.

Las olas y las mareas llevan esos granos hacia la orilla en su incesante golpe. Así nacen las playas. Después sopla el viento y las arenas van por el aire y llegan al interior del continente. Tal es el origen de los vastos desiertos africanos.

¿Cuánto tiempo ha tomado ese proceso? Millones de millones de años, tantos quizá como gotas de agua hay en el mar. La tarea de Dios es infinita y es lenta y misteriosa. Tenemos de ella el mismo conocimiento que tiene el grano de arena. Como él, a lo mejor también nosotros vamos y venimos en la tierra, en el agua y en el viento. Somos parte de ese ritmo de vida universal y eterno. Debemos tener la humildad del grano de arena. Somos tan pequeños como él; somos tan pequeños como esos granos de arena —un poquito más grandes— que se llaman las estrellas.

❧❧❧

—¿Por qué, Señor, me hiciste tan feo?

El Señor miró al sapo. Sus ojos grandes y saltones, su enorme bocaza, su piel verdosa y sus deformes patas eran compendio de la fealdad. En aquel mundo recién nacido, bello con la belleza del cisne y de los ciervos, del colibrí y la rosa, la grotesca figura de aquel sapo era como algo puesto por equivocación.

—¿Por qué, Señor, me hiciste tan feo?

No contestó el Señor. Volvió la vista hacia otro lado e hizo un gesto imperceptible. Y he aquí que apareció ante ellos una sapita de cuerpo grácil que brillaba como las hojas de los árboles mojados por la lluvia.

La linda sapita se acercó al sapo, lo miró con ojos arrobados y le dijo:

—¿Por qué eres tan hermoso?

En ese instante, el sapo tuvo la certidumbre de que no eran feos sus ojos ni su boca, ni su piel verdinegra, ni sus patas.

Juntos fueron el sapo y la sapita dando pequeños saltos jubilosos hasta perderse en la cómplice sombra de los juncos.

El Señor supo entonces que la perpetuación de la especie sapal estaba asegurada. Se sacudió las manos como hace el que ha terminado un buen trabajo y siguió después creando cosas bellas. Tan bellas como el sapo.

—¿Verdad, Señor —preguntó Adán— que yo soy el Rey de la Creación?

—Eres el rey de tu creación —le contestó Él—, no de toda la Creación. Cada criatura tiene lo necesario para reinar en su propio reino: el mosquito es rey de su creación, y lo mismo la araña y el delfín; el gusano y el colibrí; la cucaracha y el elefante; el águila y el caracol. Para la Naturaleza todas las criaturas son iguales, desde la hormiga hasta el hombre. Y créeme que al decir "desde la hormiga hasta el hombre", no estoy citando en orden ascendente.

Preguntó entonces Adán:

—Señor: ¿qué es la Naturaleza?

—La Naturaleza —contestó Dios— es uno de mis seudónimos.

Todo iba muy bien hasta que Dios creó al hombre.

Entonces las demás criaturas se dijeron:

—Ahora todas somos especies en vías de extinción.

Y pensó Dios:

—Saben de ecología.

* * * *

Todo iba muy mal hasta que Dios creó a la mujer.

Entonces la Serpiente dijo:

—Ahora yo soy especie en vías de extinción.

Y pensó Dios:

—Sabe de teología.

❧

—Señor —preguntó Adán—. ¿Por qué hiciste la parte posterior de la mujer más grande y abundante que la mía?

—Muy sencillo —le explicó el Creador—. Esa parte de la anatomía femenina está cuidadosamente calculada a fin de que sirva de contrapeso cuando la mujer quede embarazada y deba llevar en el vientre a su futuro hijo. Diseñado y construido así, el cuerpo de la mujer guardará un perfecto equilibrio, ya que el peso de su vientre será compensado por el de su parte posterior. Gracias a ese cálculo, la mujer encinta no deberá esforzarse por mantener la vertical.

—¡Caramba! —exclamó Adán, entre sorprendido y desilusionado—. ¡Yo pensé que eso era cosa de belleza, y resulta que es cuestión de ingeniería!

❧

La serpiente le ofreció a Eva la manzana.

—Anda, come —le dijo.

—No —respondió con firmeza la mujer.

—Si comes —la tentó el Maligno—, serás tan grande como Dios.

—No —volvió a negarse Eva.

—Conocerás todos los misterios del cielo y los de la tierra.

—No.

—Serás inmortal.

—No.

Entonces el Tentador echó mano de su último recurso.

—Cómela. No engorda.

El resto de la historia ya lo conocemos.

El Señor, que es omnisciente, sabe lo que son esos caprichos, y por cuidar a Noé accedió a hacer lo que quería la mujer. Dijo a Noé:

—Haré el arco iris de colores. Será prenda de alianza entre los hombres y su Dios. La espléndida visión de un arco iris con su pintada comba sobre el azul del cielo habrá de ser deleite para los ojos; en la contemplación de su hermosura hallará paz y deleite el corazón. Muchas bellezas tendrá el mundo, pero ninguna como el nuevo arco iris que desde ahora podrán ustedes ver.

—¡Chin! —pensó Noé mohíno—. Le dije que de colores, pero se me olvidó decirle que sin comerciales.

Al principio, Eva se cubría con una hoja de higuera.

Eva, sin embargo, se cubría sólo para tener luego la oportunidad de descubrirse. Entiendo que todavía hace lo mismo.

Así, cada vez fue escogiendo la mujer hojas de menor tamaño, hasta que llegó a la del perejil.

La vio el Señor así vestida —o, mejor, así desvestida— y meneó la cabeza igual que hacen los hombres cuando ven a sus mujeres así vestidas, o desvestidas así.

—No cabe duda —pensó el Creador mirando a Eva—. Ya está lista para el pecado original.

Adán y Eva comieron la manzana.

Inmediatamente después, como efecto de su desobediencia, conocieron el pecado original.

—¿Ya ves? —le decía Eva a Adán—. Valió la pena, ¿no?

El Señor, irritado, expulsó al hombre y a la mujer del Paraíso, y puso dos ángeles en la puerta del Edén a fin de que les impidieran la entrada para siempre. Desde sus sitios de centinelas los ángeles veían a Adán y Eva cometiendo una y otra vez, gozosos, el pecado original.

Cierto día llegó el Señor a la puerta del Paraíso, y se sorprendió al no ver a los ángeles en su lugar. Preguntó a Eva:

—¿Dónde están?

—No sé, Señor —respondióle la mujer—. Entiendo que andan buscando una manzana.

Esto no lo relata el Génesis, pero la verdad es que en un principio el arco iris era blanco y negro.

—¿Por qué no le pides a Dios que lo haga de colores? —le dijo a Noé su esposa—. Va mejor con los muebles de la sala.

Noé tuvo que ir con el Creador a rogarle que hiciera el arco iris de colores.

—Es un capricho de mi esposa —le explicó—.

Al principio no todas las aves cantaban.

No cantaba el grajo, no cantaba el cuervo, no cantaba la urraca...

El único que cantaba era el ruiseñor.

Su canto era tan bello que el Creador no quiso que nadie más cantara aparte de él.

Un día, sin embargo, el ruiseñor dejó de cantar, y un gran silencio llenó al mundo.

—¿Por qué dejaste de cantar? —le preguntó Dios al ruiseñor.

Contestó él:

—Señor: ¡es tan triste cantar solo!

Entendió el Creador, e hizo entonces que todos los demás pájaros cantaran. Es cierto: el grajo, la urraca y el cuervo cantan muy mal. Pero si no cantaran ellos tampoco cantaría el ruiseñor.

Cuando el hombre tuvo el primer pensamiento y dijo la primera palabra, se abrió un abismo entre él y los otros animales.

Con desesperación vio el hombre cómo quedaba separado de las demás criaturas de la Tierra. Iba a quedar solo en este mundo, desvalido, sin más compañía que la de sí mismo.

Pero entonces sucedió un hermoso milagro: el perro saltó sobre el abismo y fue al lado del hombre para ayudarlo y aliviar su soledad. Otros animales vieron eso, y siguieron al perro. Por eso junto al hombre están también el caballo, el elefante, la gallina, y otras criaturas grandes y pequeñas que por la vida van con él. Pero el perro fue el primero que lo acompañó. Por él se hizo el milagro.

Cuando el hombre escriba la historia de sus gratitudes el perro estará en una de las primeras páginas, muy cerca de la primera, la de Dios.

❧❧❧

El Señor creó a las mariposas.

Antes de que pudiera ver cómo le habían quedado, las mariposas echaron a volar y se perdieron en los dédalos del aire.

El Señor, entonces, hizo otras mariposas. Para que no pudieran irse las fijó en el suelo y les dio el nombre de flores.

Por eso se equivocan los naturalistas. Ellos afirman que las mariposas llegan al cáliz de la flor para libar su néctar. Pero no es que las mariposas visiten a las flores; lo que hacen es visitar a otras mariposas y hacerles el amor. De ahí nacen mariposas quietas como flores, y flores que se van a volar igual que mariposas por los dédalos del aire.

Tal es la verdad, pero no la conocen los naturalistas. Los naturalistas no saben tanto de la naturaleza como las mariposas.

El Señor hizo a los cocuyos.

Les puso una lucecita que se encendía en medio de la noche. Las cocuyitas, enamoradas de la pequeña luz que las llamaba, iban hacia ella y así se realizaba el eterno prodigio del amor.

Todo fue bien durante mucho tiempo: los cocuyitos encendían su luz y las cocuyitas respondían al llamado.

Un día, sin embargo, el Señor encontró a todos los cocuyos tristes y apesadumbrados. Tenían encendida su amorosa luz, pero ninguna hembrita llegaba a ellos.

—¿Qué sucede? —preguntó el Creador—. ¿Por qué los veo tan solos? ¿En dónde están las cocuyitas?

Y respondieron los cocuyos con voz que era al mismo tiempo de enojo y de congoja:

—Los hombres construyeron un faro. Cuando lo encendieron, todas las cocuyas nos dejaron.

ſ

2

De la naturaleza,
de la "madre agua"
y de otros portentos,
como la tortilla
y los huevos estrellados

Acá donde yo vivo la primavera nunca se espera a sí misma, y siempre desdeña al calendario. Quiero decir que se adelanta; le roba días al invierno.

Ya floreció el duraznero del jardín y muestra la higuera en la desnuda ramazón sus primeros brotes verdes. Canta una tórtola como las que cantó Lope de Vega; y si sales a la carretera, verás que los huizaches del desierto tienen ese amarillo que llamará a los pájaros y a los insectos para iniciar el rito de la fecundación.

Los antiguos usaban una serpiente en círculo para simbolizar la rueda sin fin de la existencia. Un extremo de aquella sierpe era la vida, el otro era la muerte. He llegado a pensar que los extremos pueden ser cambiados: el de la vida puede ser la muerte, y el de la muerte puede ser la vida. Ambos se implican uno al otro y se contienen. Esta primavera —¿se vale decir "¡ay!", como los viejos?— se volverá invierno, y este invierno —¿se vale decir "¡ya!", como los jóvenes?— será dentro de unos días primavera. Y nosotros seremos en la primavera lo mismo que en el invierno somos: anuncio de esa muerte que es la vida; promesa de esa vida que es la muerte.

Sólo hay una cosa mejor que despertarse con el sonido de la lluvia: dormirse con su música.

La gente del campo siempre cree en Dios, pero cuando llueve cree más. Para quienes viven de lo que da la tierra, decir: "Hágase tu voluntad" es decir: "Hágase tu lluvia". Lo mismo deberíamos decir nosotros, pues todos vivimos de lo que da la tierra.

Anoche, en el Potrero, se hizo la voluntad divina y fue la lluvia. Leía yo en la cama cuando empezó a llover. Llovió con mansedumbre, como si la lluvia, por humildad, no hubiese querido que se supiera el bien que estaba haciendo. Dejé de leer: me desleí en esa canción hecha de lluvia. Acunado por ella me dormí. Así se duerme el niño en brazos de su madre.

Yo creo que me he portado bien. ¿Cómo, entonces, explicar que mi papá me haya invitado a ir al mar? Mi papá, ya se sabe, es el buen Dios. Es tu papá también. Somos los dos, entonces, dos hermanos.

En la terraza de mi habitación crece un rosal de pequeñas rosas rojas. Me he levantado al alba y he salido a que le dé a mi alma el aire del amanecer. Surge de pronto el sol y se refleja en una gota de agua que se sostiene en grácil equilibrio sobre una hoja del rosal. Me acerco a ella y miro como en un espejo la playa de arenas blancas, y el azul cielo, y el opalino mar. Y me miro yo mismo, criatura entre todas las que habitan en el mar, y en el cielo y la tierra.

Todo en verdad cabe en una gota de agua. Si un poco de agua tomo entre mis manos, con ella tomo toda la vida y todo el universo. "Hermana agua" la llamó San Francisco. Yo le diré "madre agua", pues

no tengo la grandeza del santo de Asís y no puedo, por tanto, llamarme hermano de esta maravilla.

❧❧❧

No pertenecen al viajero los paisajes del trópico; le son ajenas esas llamaradas verdes que se enredan al alma como lianas; esas aguas del cielo y de la tierra que caen lluvia, o corren río, o se detienen pantano.

El paisaje de este viajero es el desierto. Lo ha visto desde niño y lo conoce. Sabe de su fiera belleza que algunos no pueden ver; siente íntimas sus inmensidades y cercanas sus lejanías.

El viajero ha cruzado su desierto y ha mirado la flor de la biznaga y la pequeña criatura que desde su piedra atisba al mundo. Contempló el vuelo del gavilán y la sabia carrera del coyote. Cuando llegó la noche pudo ver el Camino de Santiago, la gran vía de luz sobre su frente, y sintió que podía alzar las manos para mojárselas de estrellas.

Aquí, en este paisaje desnudo, se desnuda el alma. Aquí, donde es tan fácil perderse, es muy fácil hallarse. El viajero ama su desierto y cuando vuelve a él es como si a sí mismo regresara.

❧❧❧

Ayer dediqué la tarde a poner en orden el cajón de mi buró. (Mi vida es lo que debería ordenar, pero ella no se deja, y el cajón de mi buró, sí).

Puse en su sitio exacto la pluma y la libreta, el libro que estoy leyendo, la revista que acabo de comprar. Sé dónde están ahora los lentes de repuesto, el du-

plicado de las llaves del coche, el pasaporte y las diversas credenciales y tarjetas que uso para viajar.

Cuando acabé la tarea tuve una sensación de plenitud. No sé mucho de esto, pero presiento que hay un orden en el universo. Desde luego el cajón de mi buró no es nada comparado con esa inmensidad, pero también mi buró se halla en el universo, y ahora es parte de su orden: las estrellas están en su lugar; las cosas de mi buró, también. Bien vista la cuestión, y aunque la frase suene a inmodesta, no sólo puse en orden mi buró: contribuí también a la perfección del orden universal.

¿Sorprenderá a alguien que el resto de la jornada lo haya dedicado a descansar?

En todas partes se puede ver la luna. En el Potrero de Ábrego se puede, además, tocar. Sale de pronto, apenas un filito de resplandor sobre el picacho de Las Ánimas y a poco es un gran disco de luz que sólo deja un pequeño rincón para la noche.

Hace unos días hubo eclipse. En el rancho los eclipses son un misterio amenazante. Las embarazadas se ciñen a la cintura una banda de la que cuelgan pesadas llaves antiguas, herraduras, cualquier cosa que sea de metal. Con eso evitarán malformaciones a la criatura que llevan en el vientre. Los campesinos se entristecen: los frutos de los árboles se *clisarán*, y será muy menguada la cosecha. Los perros dejan de ladrar y alzan la vista al cielo con temor. Hasta el viento parece que se calla.

Pero pasa el eclipse y la redonda luna vuelve a girar como el aro de un dios infantil que juega en medio de la oscuridad. Cada hoja de cada álamo en el estanque es un pequeño espejo que refleja la clara luz lunar. En las cocinas la gente vuelve a hablar y las mujeres en estado de buena esperanza sonríen otra vez. La victoriosa vida triunfa sobre las sombras que vienen y se van.

Las estrellas del cielo, suelen decir los poetas con mucha precisión, son incontables.

Sin embargo, se ha demostrado que en los primeros días del universo las estrellas eran más incontables aún.

Pero sucedió que cuando el Señor hizo el mar las estrellas se vieron reflejadas en su superficie. Eso les gustó bastante y muchas bajaron para mirarse más de cerca.

Cayeron en las aguas y ya no pudieron regresar al cielo. Se quedaron a vivir para siempre en las profundidades del océano.

Eso explica por qué hay ahora estrellas del cielo y estrellas de mar. Aquéllas miran su imagen en el mar: éstas ven su recuerdo allá, en el cielo.

Era una larga extensión de tierra gris como ceniza, o pintada de un ocre mortecino. Los cerros pelados semejaban el lomo de un elefante ya sin vida.

Luego vinieron las lluvias y ahora todo el campo luce verde, y verdes se ven los cerros redivivos. Tal se diría que la tierra da las gracias por el regalo del agua de los cielos y anuncia el don recibido cubriéndose de hierba y flores pequeñitas.

¿Por qué nosotros no somos tan agradecidos? ¿Por qué proclamamos el daño que sufrimos y callamos en cambio, vergonzantes, el favor que nos hacen?

Deberíamos ser igual de agradecidos que la tierra. Después de todo, de ella estamos hechos.

Cae una lluvia mansa sobre el rancho. Ha llovido durante toda la mañana; llueve en la tarde; lloverá quizá en la noche.

Dibuja el agua su caligrafía en la ventana, y el glugú de las gárgolas parece recitación monótona de tablas de multiplicar. Veo sobre el muro de adobe unos chileros que vuelven a todas partes la cabecilla inquieta. Acaso se preguntan si nunca habrá ya cielo.

Esta lluvia de marzo no es de marzo. Por eso no la reconocen ni la casa ni los pájaros. En mayo esta lluvia sería la misma de cada año, pero hoy es lluvia extraña. ¿Por qué nos llega ahora, que es tan temprano para llover? Si la tierra supiera preguntar, preguntaría. Pero la tierra no sabe hacer preguntas; sabe únicamente contestar.

Yo me pregunto qué ha cambiado, si las montañas o las nubes. Todo es tan movedizo... No hallo contestación a mi pregunta. Sigo entonces oyendo la melo-

pea de las gárgolas y siento la misma inquietud de los chileros.

❧❧❧

Todos los días veo el mar. Lo tengo en un pequeño cuadro de Salvador Tarazona, pintor español que allá en los años treinta llegó a mi ciudad. Desde el sillón de la sala veo el cuadro y me parece oír el ruido de las olas y aspirar el aroma de la sal.

La gente de tierra adentro sentimos la nostalgia del mar. En las antiguas casas saltilleras la gente ponía un caracol marino al pie de los ventanales enrejados. Nuestras abuelas usaban esos caracoles para comunicarse con sus novios en el secreto código de los enamorados: «Si el caracol apunta al barrote noveno, es que te veré a las 9. Si está puesto boca abajo, es que hoy no podré salir.»

Muchos romances murieron en flor porque los muchachillos de la calle cambiaban los caracoles de lugar.

Ahora estoy mirando este retrato del océano. Me posee una suave melancolía marinera. Los hombres, como la vida, estamos hechos de agua, y tarde o temprano toda agua llega al mar.

❧❧❧

El campo está lleno de pequeñas criaturas recién llegadas a este mundo.

Han parido las hembras en los corrales y en las madrigueras. Se diría que se pusieron de acuerdo para tener sus hijos al mismo tiempo todas. Veo en el ran-

cho un burrito de una semana de nacido, hecho de asombro y terciopelo, y veo después junto al arroyo un conejito para el que todo es inaugural: el guijarro y la hierba, el sol y el viento.

Hasta la lluvia es niña, mírala. Cae suavemente ahora, y en silencio, como si hiciera de puntillas el camino de las nubes al suelo. Dicen que el mundo es viejo. Quién lo sabe... A lo mejor es un enorme niño que gira con los otros niños. Este burrito es un niño; el diminuto conejo otro, y yo uno más, niño también en permanente asombro por la niñez del mundo.

Era muy triste ver la tierra seca. Pero llegó la máquina perforadora, y unos días después salió del tubo un chorro de agua. Turbia al principio, se aclaró después, y ahora fluye limpia como el alma de una niña.

¿De dónde vino esa agua? Llegó del cielo y se depositó en las profundidades de la tierra. De ahí, cuando la necesitamos, salió de nuevo al día. Por ella tendremos los dones de la flor y el pan.

Yo digo que algo venido de lo alto queda siempre en el fondo de nosotros. Ahí está, igual que el agua clara en el oscuro fondo de la tierra. Pero tarde o temprano brota y nos da vida. Entonces nuestra turbiedad se torna en agua clara, y salimos también nosotros a la luz. Pienso en todo esto mientras escucho la canción del agua hecha cristal.

Me dirijo al hermoso bosque de El Diamante, tan cerca de mi ciudad que casi lo puedo tocar desde mi

casa. Es friecita la mañana; es clara y transparente igual que el agua de una noria.

Levanto la mirada y veo en el cielo un jet hecho de plata y luz del sol. Deja el avión tras sí una larga estela. Parece una navaja que rasgara un manto azul y fuera dejando al descubierto el forro blanco. Yo me detengo a ver esa fugaz saeta y siento de repente como si estuviera en el fondo de un inmenso mar y viera allá arriba, muy lejos, sobre la superficie de las aguas, un barco diminuto con su cauda de espuma o de cristal.

Se pierde tras la montaña la saeta; la espuma se convierte en nube que se va. Me voy también, un punto bajo aquel cielo que de pronto se hizo mar. Llego al bosque, verde hijo de la tierra. Y pienso al caminar entre los pinos que todas las cosas son una sola cosa, y yo una cosa más entre ellas.

❧

Llegó el otoño y se metió en mi casa sin permiso. Las hojas del nogal se hicieron de ámbar, y un estremecimiento —premonición de invierno— le bajó desde la más alta rama a la raíz.

«Todo es gracia», decía Georges Bernanos. También todo es belleza. Cuatro estaciones de hermosura tiene el año. Antes la primavera me gustaba; ahora es el otoño el que me gusta. Otoño es la tarea realizada, el fruto recogido. Es, además, promesa de descanso.

De la montaña baja una larga niebla cariciosa que se unta a los muros de la casa como silente gata inmaterial. Antes me habría asomado por la ventana a ver el paisaje, esfumado paisaje impresionista. Prefiero hoy asomarme a mi interior y ver mi propio oto-

ño pintado de promesas y esperanzas. Vagas son las promesas, igual que esta neblina, pero alcanzo a columbrar la luz, la misma luz que desde su más alta rama ve el nogal.

✂✧✂

En el Potrero, por la acequia grande, pasa el agua como una larga sonrisa de cristal. San Francisco la llamó "hermana agua" porque era poeta. Si hubiera sido campesino la habría llamado "madre". La madre agua alimenta a la tierra, y la tierra nos alimenta a todos. Madre de nuestra madre es, pues, el agua; abuela nutricia y bondadosa.

De todas las músicas del mundo ésta es la que amo más. Si cuando corre el agua estoy oyendo música de Mozart, dejo de oír la música de Mozart para escuchar la música del agua. Es lo que estoy haciendo ahora: su clara voz entra por la ventana y llena los aposentos de la casa y mis habitaciones interiores. Suspendo la escritura para que mi tecleo no profane esta música sacra, la más hermosa música del mundo.

✂✧✂

Son largas las noches del invierno, y frías. Esta mañana el paisaje es blanco y silencioso. En la madrugada cayó eso que en el Potrero llaman "candelilla" —casi nieve, casi hielo—, y todo quedó cubierto de una alba soledad.

Yo miro por la ventana el campo y no lo reconozco. Se me ha extraviado la familiar visión. ¿En dónde está el camino? ¿Dónde quedó el cauce del arroyo? Entre

la huerta los árboles parecen extraños arrecifes de coral que se desangró.

A todos lados llega el invierno en el Potrero, menos a las cocinas. En cada fogón arde un pequeñito sol. Yo me siento en la silla de tule, junto al fuego, y bebo una taza del recio café que en el rancho se bebe. Por encima de la chimenea el viento serrano ulula como un coyote hirsuto. Yo no lo escucho: yo oigo el crepitar de la leña y el borbollar del agua en el caldero, monótono ronroneo de gato. Mi corazón no tiene frío. Por fuera de él pasa el invierno con su cortejo de fantasmas blancos.

La ciencia puede explicar muchos misterios, pero difícilmente podrá explicar por qué un niño nunca le da la vuelta a un charco.

Aquí está el charco. Ha quedado después de la lluvia, en el camino. Y aquí está el niño. Regresa de la escuela, y trae el pantalón blanco del uniforme, y los zapatos negros bien boleados. Llega al charco y lo mira. Duda un poco: piensa quizá en el regaño de su madre. Pero esa vacilación dura un instante: vencida la duda el niño entra gozoso en el charco y pisa fuerte para que el agua salte y lo salpique.

Yo miro todo eso desde la ventana y me sonrío. Otra vez el gozo de vivir ha triunfado sobre la seriedad del mundo. Un niño que atraviesa un charco es la mejor ilustración de la muy soportable levedad del ser.

Hay que decir la verdad.

Al hacer las estaciones el Señor no tuvo mucha imaginación.

Originalmente iba a haber dos estaciones nada más.

Verano e invierno.

El Señor consideró que con esas dos estaciones era bastante. ¿Para qué se necesitaban más?

Invierno y verano. Frío y calor. No se requería más.

Así, hizo dos estaciones solamente.

Y dos estaciones tendríamos ahora si no es porque el Señor, en su infinita sabiduría, atendió las sugerencias que le hicieron los artistas.

Los artistas, ya se sabe, son como pequeños dioses.

Después de oírlos, el Señor hizo la primavera.

Se la sugirieron los poetas.

E hizo el otoño.

Se lo sugirieron los pintores.

∞

Se apareció de pronto Dios en nuestro rancho. Llegó vestido de agua, que es uno de los disfraces que le gustan más. Brotó el manantial de La Cazuela, que hacía dieciséis años no brotaba. Una mañana se oyó súbitamente la canción de la colmada acequia.

Y fuimos todos a ver el sitio donde manaba aquella fuente. Está entre los barrancos de la sierra. Mi nieto Rafa, orgullosísimo jinete, iba a lomos de un burrito que se habría llamado Platero si no es porque en el rancho todos los burros se llaman sencillamente burros. Yo caminaba ligero, tan ligero que hasta me sorprendí. Luego me lo expliqué: había dejado en casa la agenda y el reloj.

Llegamos después de dos horas de camino. Brillaba el sol en lo alto y brillaba el agua al salir, suave, de entre las duras peñas. Yo tomé a Dios en el hueco de las manos y me lo bebí.

❧❧❧

—Dios es invisible —le decían a aquel hombre.

Y a él le daba igual, porque era ciego desde su nacimiento.

Un día sintió como si un rayo le hubiera caído en la cabeza y un resplandor se le anidó en los ojos, y los abrió, y el ciego pudo ver.

Y vio el crepúsculo del día y de la noche, aquél pintado de azul, éste de fuego. Vio el mar, distinto a cada instante y eternamente igual. Vio un cielo con estrellas, y supo que cada estrella daba luz a otro cielo con más estrellas que iluminaban otros cielos sin final. Y vio la flor, y el ciervo, y el copo de nieve, y el niño recién nacido.

Y dijo luego:

—No entiendo. Me habían dicho que Dios es invisible.

❧❧❧

Mi casa es muy sencilla, y sin embargo hay en ella más, mucho más de lo que necesito.

En el momento en que escribo esto, por ejemplo, soy perfectamente feliz. La tarde es friecilla y llueve un poco. Miro la lluvia en el jardín y bebo una taza de yerbanís. El domingo pasado fuimos a la sierra y buscamos bajo los pinos esta amable hierba de flores

amarillas con la cual se hace un té que sabe y huele a bosque. Bebo a pequeños sorbos la infusión y miro las volutas del humo azul que sale de la taza. Se oye a lo lejos, lejos, el fragor del trueno. Con perfecto sentido de la escena cae una hoja del duraznero y traza en el aire un dibujo japonés. Se va acercando la noche, poco a poco... Y me acerco a mí mismo, mucho a mucho...

La tarde en lluvia, mi taza de yerbanís, y yo conmigo... Hay quienes se preguntan de qué está hecha la felicidad. Por lo que a mí hace, hoy se hizo con esas tres cosas nada más.

✥

El tío Sixto, antiguo propietario del Potrero, era señor de peregrinas ocurrencias. Ladino como todos los rancheros, usaba en su beneficio una extraña lógica de la cual era inventor.

Su maíz era el mejor de la comarca. Fue él quien dio prestigio al legendario maíz potrereño, de cuyas cualidades aún se habla. Cierto día llegó a buscarlo un hombre de Casillas, poblado nuevoleonés famoso por sus aguacates.

—Don Sixto —le pidió—. Véndame cien kilos de maíz.

Se los pesó él, pero sin desgranar.

—Oiga, don Sixto —se mosqueó el comprador—. Me está pesando el maíz con todo y los olotes.

Respondió él:

—¿Y a poco cuando yo te compro un kilo de aguacates tú les quitas el hueso antes de pesármelos?

Un retrato del tío Sixto, vestido en traje de ciudad, está en la casa grande del Potrero. Yo paso frente a él y me sonrío, pues me parece que me ha guiñado un ojo.

He caminado por la vereda que lleva a lo alto de El Diamante. Así se llama un monte cercano a mi ciudad. Yo tengo ahí una cabaña que hice en los tiempos de la juventud. Tiene una chimenea esa cabaña, y tiene también una ventana por donde se mira toda la tierra y todo el cielo que los ojos humanos pueden ver.

Ha llovido estos días, interminablemente. En cada aguja de cada pino hay una gota de agua. Mañana, con cielo claro, el bosque será un jardín de vidrio hecho por Seide, Tiffany o Lalique.

Es tarde ya. La chimenea es coreografía de fuego. No hay otra luz que la que dan las llamas. En la pared las sombras forman un cambiante cortejo de figuras. Son una imagen de la vida, que hoy es y al rato ya no es. Pero aquí estoy, en mi cabaña. Contra las sombras tengo luz, y tibieza contra el helor de afuera. Estoy en paz conmigo y con el mundo. Cuando aparezca el sol daré las gracias por el día, igual que ahora doy las gracias por el don misterioso de la noche.

Miren cómo guisa esta señora un par de huevos estrellados. Ha calentado el aceite en la sartén. No mucho: un poco nada más. Con delicadeza quiebra los

huevos y los pone en un tazón. De ahí los desliza suavemente para que caigan sin daño en la sartén. Conforme se van friendo, los baña con el aceite por arriba; así se freirán parejos. Por último desliza bajo ellos una pequeña pala de aluminio; con diestro movimiento de la mano los saca de la sartén y los sirve en el plato.

Miren ahora cómo talla su estatua este escultor. Toma cincel y martillo y empieza a desbastar el gran bloque de mármol...

No sé cómo saldrá su obra de arte. La otra obra de arte, la que hizo la señora en la cocina, ésa salió perfecta.

Doña Rosa tortea las tortillas. Quiero decir, las hace a mano. En toda la casa se oye su palmoteo como una alegre música. Cuando hace las tortillas doña Rosa le aplaude a Dios, que nos manda este maíz convertido por la sabia labor de la mujer en la hostia nuestra de cada día.

En una tortilla de doña Rosa cabe toda la redondez del mundo. Pone ella sobre el comal el círculo perfecto de la masa, igual que luna llena en noche oscura, y de pronto el prodigio se consuma: la tortilla se esponja, como mujer embarazada, y es un canto a la vida, y es una acción de gracias en la mesa.

Tortillas de doña Rosa, lujo humilde, humildad lujosísima... Cuán rico es el pobre que las come; cuán pobre es el rico que no sabe que en esta pequeñez residen todas las grandezas.

ARTE POÉTICA·

Saca al río del río, y lo que sobra
tíralo por ahí, que no es el río:
el puente, el cauce, el piélago, el suicidio,
Heráclito, el rumor, la fuente, la onda...

Atrás de cada rosa hay otra rosa
que no cualquiera ve, libre de ripios:
rosa sin *rosa–rosae*, sin Cratilo,
sin Gertrude Stein, sin Shakespeare y sin Góngora.

A fuerza de existir, ninguna cosa
es ella misma ya, ni el mundo el mismo:
muerto el Génesis, vive la Retórica.

Lección: que los poetas se hagan niños;
desnudar al vestido sea su obra,
y no haya más memoria que el olvido.

3 | De los árboles y de las flores, y de otras criaturas de Dios

Se ha llenado de moras la morera. Yo quiero mucho a este humilde árbol que da su fruto a la gula de los pájaros y de los niños. Bajan aquéllos, suben éstos, y la morera les regala a todos su dulzor.

No tiene este árbol pobre la majestad del nogal catedralicio, ni son sus flores como la flor del duraznero, hermosas, ni goza los prestigios del manzano. Pero año tras año su verde ramazón adorna el campo, y año tras año nos ofrece sus breves ópalos de miel.

Quiero aprender la lección de la morera: labrar en silencioso apartamiento pequeños frutos dulces, regalarlos a quien los quiera tomar, y recibir a cambio, en premio, un visitante del cielo y otro de la tierra.

El barril se llenó con agua de la lluvia. Ahí esperará a que venga el señor cura y se la lleve para bendecirla. Ahí esperará a las muchachas: ellas buscarán el reflejo de la luna en el agua del barril, y el húmedo resplandor les mostrará el rostro del hombre que las desposará.

¿Cómo cayó este grillo en el barril? Quién sabe. Se agita en vano esfuerzo por salir. Yo lo saco y lo pongo sobre una hojita de retama, donde le da el sol, y luego regreso a mi quehacer, que es hacer nada.

Ahora es de noche. Un grillo aserra el silencio con su canción nupcial. ¿Será el mismo grillo al que salvé de la muerte en aquel inmenso océano del barril? Quién sabe. Si lo es, él me salva de morir la pequeña muerte de la nocturna soledad.

Esta gran ave se llama *Fregata magnificens.* Tijereta de mar, o rabihorcado, le dicen los marinos. Nadie jamás la ha visto en tierra, ni hay noticias de alguno que la haya mirado posándose en el agua. Sólo ha sido observada en vuelo majestuoso que nunca cesa ni de día ni de noche, ni en tiempo calmo ni entre la tempestad.

Se dice que así, volando, duerme, y se dice también que así, volando, se aparea. Una vez, sólo una vez, yo vi un ejemplar en vuelo solitario: era como una fragata silenciosa que cruzara el océano del cielo.

Un pensamiento se me ocurrió al mirarla: si al hacer el amor aquí en la tierra los hombres nos sentimos en el cielo, esta ave magnífica que hace el amor en el cielo, al hacerlo ¿dónde se sentirá?

El Señor hizo a la golondrina para que hubiera poetas.

Luego hizo al águila. (No la habría hecho si hubiese sabido que iba a haber motivadores.)

Después dio forma a la tímida avestruz, y creó también la Tierra para que la pobrecilla tuviera dónde meter la cabeza.

Enseguida hizo al colibrí, y con el barro que le sobró hizo al cóndor.

Finalmente hizo al pavo real.

Adán le dijo:

—Entiendo lo de la golondrina, y lo del águila, y lo de la avestruz, y lo del colibrí y el cóndor. Pero, Señor, ¿por qué hiciste al pavo real?

Le respondió el Creador:

—De vez en cuando, a mí también me gusta hacer tonterías.

Este pequeño pájaro es actor. Llega mi perro a la arenosa orilla del arroyo y surge de pronto el pajarillo. Cojea, arrastra una ala por el suelo y pía con lastimoso acento. Cualquiera pensaría que está herido. Un perro menos sabio —es decir, menos viejo— que mi Terry se lanzaría sobre él a rematarlo.

Pero el pájaro goza de cabal salud. Es, como dije arriba, un actor. Finge estar lastimado para salvar del riesgo a sus polluelos, inmóviles y mudos en el cercano nido oculto entre las piedras. El enemigo —perro, coyote, zorra, sierpe— irá tras la avecilla creyéndola segura presa y al hacerlo, se alejará de la nidada.

Este pájaro histrión es el tildío. Levanta un palmo nada más del suelo, pero tiene grandezas de heroísmo y se pone en peligro para salvar a los suyos de la muerte. Representa, pues, a la vida el diminuto comediante. Yo llamo al Terry junto a mí y aplaudo por pura broma la actuación del pájaro. El tildío se detiene para oír el aplauso. No cabe duda: es un actor.

❧❧❧

"Cantando aquella hormiga pasó el verano entero...".

—Perdone usted. La fábula dice: "Cantando la cigarra pasó el verano entero...".

—Es cierto. Pero una fábula puede arreglarse con otra. A pesar de lo que digan los fabulistas yo creo que también hay hormigas que cantan.

—Si hiciéramos caso de su razonamiento, entonces habría cigarras que trabajan.

—¿Y por qué no? Mire usted: no debemos poner etiquetas a la gente. Y menos a los insectos, que son más respetables. ¿Acaso todas las hormigas tienen que ser estólidas, y todas las cigarras perezosas? Seguramente habrá hormigas canoras, y de seguro debe de haber cigarras diligentes.

—Entonces las fábulas...

—Son etiquetas. Y las etiquetas son fábulas.

❧❧❧

Salgo a caminar por la huerta de nogales cuando apenas empieza a alborear el nuevo día. Hay una liebre ahí que bebe en la hierba el rocío de la mañana y come la primavera a brotes.

Yo quisiera pasar junto a esa criaturita y saludarla, amiga cotidiana. Pero ella nunca espera. Tan pronto advierte mi presencia escapa con asustados saltos por el aire y se desaparece en la penumbra.

Entonces me viene a la memoria el día malo en que maté una liebre, juvenil cazador sin ciencia de la vida o de la muerte. ¿Es esa misma liebre la que ahora huye de mí como de un pérfido enemigo? ¿Quedó mi

crimen para la eternidad en la memoria de las liebres? No lo sé. Pero esta pequeña criatura siente miedo cuando me ve, y se va a donde yo no pueda verla. A mí eso me llena de vergüenza, y quisiera con todo el corazón no haber matado nunca a aquella liebre.

Han hecho las abejas sus panales en lo más alto de este risco, de modo que ni animales ni hombres pueden llegar hasta ellos. Colmadas las celdillas, la miel escurre por la peña en dorados chorros que el sol de la mañana hace brillar.

No se pierden las mieles, sin embargo. Aquí nada se pierde. Llegan los colibríes en bandadas y liban el sabrosísimo manjar. Yo miro el ir y venir de las abejas, veo el venir y los ires del colibrí, y adivino en sus giros el ritmo de la vida. El viejo don Abundio conoció estos panales cuando niño; los verán otra vez los hijos de mis hijos, y sus hijos. El instantáneo colibrí y la efímera abeja son eternos. Pequeñitos, en ellos vive toda la eternidad.

Nosotros ahora somos y luego no seremos. No seremos, y luego seremos otra vez. Aquí nada se pierde. Ni nosotros.

Sobre la mesa de la cocina hay un canastillo con rojas ciruelas del Potrero. Parece que alguien hubiera olvidado ahí un cuadro de Cézanne.

Yo tomo una y la muerdo con avidez golosa. Así debe morder uno la vida. Su jugo desborda de mis la-

bios y me dibuja en la camisa una mancha que tiene la vaga forma de un encendido corazón.

Las ciruelas que se dan en el Potrero son la síntesis de toda la tierra, todo el sol y toda el agua del mundo. Cabe en su redondeada perfección la vida. Su piel y su carne son femeninas; su dulcedumbre también es de mujer. Con una sola se puede perfumar toda la casa, igual que con una sola mujer se puede perfumar toda la vida.

Ciruela, pequeño fruto que se salvó del cierzo y la sequía y llega a mí como un milagro diminuto: tienes la misma fuerza de la vida, amenazada siempre y siempre victoriosa.

Esta esdrújula flor se llama plúmbago. Ahora la estoy viendo, y ella me está mirando a mí. Su mirada es tenuemente azul, como el cielo de una mañana desvaída.

Es invierno, pero el plúmbago inventa una pequeña primavera. En medio de los grises de la bruma su flor es una niña que me sonríe a través de su ventana de vidrios empañados.

¿Por qué te dicen plúmbago, flor leve? Tu nombre evoca el plomo, y tú eres frágil como la vida. Digo mal: eres, como la vida, eterna. Se irá el invierno, se irán las nieblas, me iré yo, y tú seguirás, en mi jardín o en otro, eternamente plúmbago. Otro quizá te mirará, como yo ahora, y tú lo mirarás igual que ahora me estás mirando a mí. Quizá ese otro seré yo mismo. La vida es para siempre, plúmbago, y para siempre somos tú y yo. Yo, el hombre débil, y tú, la fuerte flor.

Yo me asomo a la noria y miro el cielo en el cristal del agua. Ha llovido estos días; el pozo se ha llenado con un agua tan fina que parece aire, tan pura que parece una virgen que ni siquiera sabe que lo es.

Muy cerca está la casa, azul y anaranjada. Desde lejos se ve como el juguete que un niño hubiera olvidado después de jugar en la pradera.

Este lugar se llama "Los coyotes". En la sierra cercana tienen los animales sus cubiles, y ahí paren las hembras a sus hijos. Por la noche nos llega con el viento el gañir de los cachorros, y oímos los extraños ruidos que hacen las madres para tranquilizarlos. Los coyotes son buenos proveedores: la semana pasada cuatro gallinas nos faltaron. En aquel sereno paisaje la muerte está esperando...

Está esperando la muerte, y la vida también está esperando. Una y otra son la misma cosa. Me lo dice el agua de la noria, que ahora está en la tierra como una visitante que volverá después a la eterna nube de donde salió.

Camino con cuidado por el huerto: está lleno de pequeños caracoles que han salido, con su casa a cuestas, a disfrutar el claro día que nos dejó la lluvia ayer. Vigilo cada uno de mis pasos; temo aplastar a una de esas mínimas criaturas majestuosas. Si lo hiciera, el universo sería menos universo. Le habría quitado yo algo que le pertenece, y no se lo podría restituir. El hombre, que ha erigido el Taj-Mahal, y las pirámides de Egipto, y la catedral de Chartres, no es capaz de

crear la geometría de esta exacta espiral que lleva en sí nostalgias marineras.

Camino con cuidado por el huerto para no quebrar uno de estos milimétricos vasos de la vida.

¿Quién soy yo para destruir la perfecta residencia de un caracol?

Eso sería como si Dios saliera a caminar y me pisara a mí.

Las ramas del nogal se ven dobladas. El peso de las nueces que cargan las inclina y las acerca al suelo. Pronto dará sus frutos, y luego descansará su sueño del invierno.

En cada árbol yo veo un silencioso profesor. ¡Qué de cosas enseñan esas criaturas vegetales! Dan mucho, y piden casi nada. Los hombres somos como la piel de Judas —así dicen en el Potrero de quienes hacen daños—, en tanto que los árboles son como la piel de Dios.

Este nogal me enseña que debemos llegar a nuestro invierno con carga generosa y darla a los demás antes de reposar. Que los años nos inclinen y doblen por el peso del abundante fruto que llevamos, no por inútil carga de egoísmo. Yo me acerco al nogal. Al fin hombre pequeño, volteo a todos lados a fin de cerciorarme de que nadie me oye, y luego le digo al árbol en voz baja:

—Quiero ser como tú.

¡Cuántos nombres que tiene el colibrí! Paradoja es una nomenclatura tan grande para un ave tan pequeña. Al colibrí se le llama chuparrosa, picaflor, pájaro mosca, chupamirto... En algunas regiones del país le dicen "porquesí", una bella manera de nombrar lo que parece un jubiloso capricho del Señor en el momento de la Creación.

Los españoles, que no conocían al colibrí, quedaron deslumbrados cuando lo vieron por primera vez. Lo bautizaron "tominejo", vocablo que es por dos veces un diminutivo: proviene de tomín, que era una moneda de plata pequeñita.

El nombre más bello para el colibrí, sin embargo, lo escuché en Oaxaca, donde tantas bellezas se escuchan y se ven. La cantarina lengua zapoteca designa a la chuparrosa con la voz "biulú". Esa palabra quiere decir "lo que se queda en los ojos". El nombre es claro y cierto: nadie puede olvidar al colibrí después de haberlo visto.

Demos gracias a Dios por la grandiosa pequeñez del colibrí.

Este pájaro es bello y es letal. Le llaman "madrugador" porque es el primero que canta en la mañana. Su canción es proclama de vida y anuncio de la muerte. Cae sobre la mariposa y la libélula, y un instante después esos adornos del cielo ya no son.

Ahora el pájaro madrugador está sobre una rama. Espera, inmóvil, a su siguiente presa. Allá viene. Es un abejorro. Le quedan, como a nosotros, unos cuantos segundos de vida.

Arriba, por el corredor más alto del aire, va un halcón. El pájaro madrugador devorará al abejorro. Poco después el halcón devorará al pájaro madrugador.

Yo miro los dos actos del drama: el abejorro muerto por el ave; el ave asesinada por el mortal halcón... Ahora el destino me ve a mí. Sus ojos son los mismos ojos con los que el pájaro madrugador miró al abejorro; los mismos con los que el halcón miró al pájaro madrugador. Tercer acto, tercero... Principiamos.

Este nogal que tengo en el Potrero es alto y es hermoso. Lo planté hace veinte años, y creció al amparo de una pared de adobe que lo protegió de los nortes invernales. Un día cayó aquel viejo muro, cuando las grandes lluvias del 85, pero ya el árbol podía resistir, y fue como un fornido brazo que se alzara para tocar el viento. Yo me gozaba viendo desde la loma su verdor, y en las mañanas de domingo me sentaba a su sombra para ver pasar las nubes, para ver pasar la vida.

Las nueces que da este árbol son grandes y son suaves, tan suaves que algunas se quiebran al caer. Las buscamos nosotros, y las buscan también los pájaros y las ardillas, y esos otros inquietos pájaros y ardillas que son los niños de la escuela. Para todos da nueces este amable señor del cielo y de la tierra.

Ahora el nogal tiene el color del oro. Al final de la tarde veo caer sus hojas y me parece que caen del cielo pequeños pedacitos de crepúsculo.

Tras el incendio que devastó la sierra, llevamos al Potrero estos pequeños árboles. Tan pequeñitos eran que me cabían en el hueco de la mano. Eran tan sólo una promesa de árboles.

De rodillas, como en oración, los fuimos plantando. A cada uno lo bautizamos con un poquito de agua. Después nos fuimos, y quedaron los arbolitos a cargo de un buen jardinero que se llama Dios.

Ayer volví a mirarlos. Algunos son ya tan altos como yo. Eso no es ser muy alto, ciertamente, pero como son muchos parecen un verde batallón de infantería. El tiempo pasará —tal es su oficio—, y crecerán los pinos, y serán tan altos como el aire, y tan airosos.

Yo ya no los veré, naturalmente... Esperen un momento. ¿Yo ya no los veré? Quién sabe... A veces me gusta imaginar que lo primero que dice un niño al nacer es:

—Juraría que he estado antes aquí.

Quién sabe...

***

Llegaron ayer los vareadores. Subía el sol por el pico de Las Ánimas y ellos subían a los nogales para golpear las ramas con sus varas y hacer caer las nueces.

Nos llevarán después los frutos a la casa; las mujeres les sacarán los corazones y harán con ellos la sabrosísima "nogada de nuez", gala de la cocina lugareña. En la ciudad mis invitados paladearán el inefable dulce y harán de él encomios hiperbólicos. No les diré que en cada nuez va la labor de Dios y de los hombres durante todo un año, y van la tierra y el sol y el agua

del Potrero, y va el lento trabajo de estos árboles que ayer los abuelos vieron y que hoy mis nietos ven.

Toda la creación cabe en una nuez, y caben también todas las teologías. Fruto perfecto de un perfecto amor, tomo una nuez para mirarla, y la totalidad del universo queda entre mi índice y mi pulgar.

Hay cónclave de golondrinas en el rancho. Parece que todas las del mundo se han juntado. Es el azul del cielo una gran carpa de acrobacias y cae sobre el techo de las casas el trisar de los volatineros pajarillos como gotas de lluvia musical.

Se despiden, quizá... Ya viene octubre, y con octubre los primeros fríos del cercano invierno. Ellas se van, pero regresan siempre al nido que dejaron. La golondrina que anidó en mi zaguán es la misma quizá que hizo su nido en el zaguán de mi tatarabuelo.

Se va la vida igual que se van estas viajeras, pero regresa también, como regresan ellas. Misteriosos caminos tienen las golondrinas, y tiene también misterios el camino de la vida. ¿Quién puede seguir el vuelo de una golondrina? ¿Quién puede conocer los rumbos de la vida? Dejemos que se vaya la golondrina: volverá. Y no nos cause temor que la vida se nos vaya: regresará también.

No brilla aún el sol, cuando el amanecer opaco se ilumina con la canción de un pájaro en el árbol más alto del jardín.

¿De dónde vino ese insólito tenor? No empieza todavía la temporada de primavera y ya él ensaya sus acrobáticos arpegios. Esta ave es un zenzontle; las cuatrocientas voces que tenía en tiempos de quienes así lo bautizaron se han multiplicado: ni Mozart fue capaz nunca de tales variaciones.

Llega al árbol el sol para escuchar aquel concierto. Por la ventana entran al mismo tiempo la luz y la canción. Poseído de resplandor y música yo salgo a la mañana, y es la mañana toda un sol canoro y un pájaro de luz. Junto del árbol soy otro árbol. Algunos hablan de la "vida eterna". Yo la acabo de sentir.

∾∿∾

Hasta el último rincón de nuestra casa huele por estos días a madreselva. Entras en la sala y la hallas perfumada por aquel suave olor. Vas a las recámaras y te sigue el aroma.

Hay formas de grabar las imágenes y los sonidos. ¿Por qué no han inventado una manera de grabar las sensaciones del olfato? En vano me esfuerzo en recordar el olor de los libros de mi infancia, amorosamente forrados por mi madre. Quisiera, y no puedo, evocar el perfume que trascendía mi abuela —a misal, a yerbabuena, al humo del cigarrito de hoja— cuando me estrechaba junto a sí. Ayer besé el cabello de Mariana, mi pequeña nieta y ya no puedo recordar su suave olor.

Si hubiera modo yo grabaría el aroma de esta madreselva. ¿Qué secretos mensajes hay en él? ¿A quién le habla la flor con su perfume? No lo sé. ¿Quién pue-

de saber lo que hay en un perfume? Lo aspiraré ahora; lo olvidaré después.

¿De quién estaría enamorado Dios cuando inventó el color que tiene la flor de jacaranda? Igual a ese color no hay otro: he pensado que el color jacaranda se escapó del Paraíso para que los humanos tuviéramos idea de las hermosuras que había en ese edén.

El avión desciende con lentitud en el aeropuerto de la ciudad de México y yo miro por la ventana una larga y florecida jacaranda. Es como si a la ciudad le hubiesen salido ojeras después de una noche de vigilia sobresaltada por íntimas voluptuosidades. Bello color y hermoso nombre, construido con andamiaje de aes. ¿Conocerían este nombre, el de la jacaranda, Huidobro o Barba Jacob? Decirlo es como cantarlo: Jacaranda, canción en A mayor.

Cuando amanezca la otra vida tiene que amanecer en horizontes color de jacaranda, que es femenino color. Abriré yo los ojos y miraré esa ojera de entre azul y buenas noches, y sabré entonces que me he salvado para siempre.

San Francisco de Asís habló del hermano lobo, de la hermana agua, del hermano sol y de la hermana luna. Jamás, que yo recuerde, habló de la hermana mosca.

Ahora una revolotea sobre mí mientras escribo. No es una mosca romántica, de Machado, ni es una mosca clásica, de Aristófanes. Es una mosca vulgar, prosaica. No bordonea: zumba.

Se posa sobre el filo del escritorio. Yo tomo un periódico y lo doblo para acabar con ella. ¡Cuán útiles son
a veces los periódicos! Pero en eso el ojo pequeñísi-
mo de la mosca se irisa, y es un radiante fulgor diminutivo. El sol de la ventana se ha reflejado en él. ¡Qué
maravilla de luz y de color! ¿Y voy a destruir con un pa-
pirotazo ese arco iris? ¿Voy a quebrar tan raro espejo
donde se mira el sol?

Quedo en suspenso, inmóvil. El milagro de la vida
ha detenido el brazo de la muerte. Se va la mosca... Y
no le digo hermana: ni San Francisco de Asís, Cristo
Segundo, la llamó con tal nombre. Pero dejo que se
vaya la mosca a hacer lo mismo que estoy haciendo
yo: vivir.

Se llaman "ocelos". Son esas manchas redondas que
tienen en las alas algunos insectos, especialmente
las mariposas. Si un predador los amenaza, abren sus
alas. El enemigo ve las manchas y las confunde con
grandes ojos fijos que los miran en forma amenazante. Asustados, dejan a la presa y huyen.

Entre otras muchas maravillas, la Naturaleza hace
también actores: insectos que abren las alas; sapos
que inflan la garganta; animales que erizan la crin;
peces que se hinchan como globos; aves que espon-
jan su plumaje...; todo eso, para simular que son mayores de lo que en verdad son. En esa táctica de su-
pervivencia se halla quizá la raíz del teatro: también
el actor hace teatro para sobrevivir, para escapar de esos
mortales predadores que son la indiferencia y el olvido.

Este zenzontle empecinado canta como si no existieran el otoño y el invierno. Es gris el amanecer; la noche es casi día y el día es casi noche; no hay sol en la desnuda ramazón del árbol. Pero el zenzontle canta como cantó en abril y su canción es flor cuando no hay flores ya.

¿Habrá locura en las aves? Porque es locura este canto en medio de la niebla. Ya todos los pájaros se fueron y queda sólo el cuervo, corva rúbrica de los otoños. Pero el zenzontle no se va y da su canto igual que ayer lo dio.

A mí me maravilla su absurdo anacronismo, y lo agradezco. Hermosa compañía es este canto solitario, recordación de la primavera que se fue, heraldo de la que llegará. Para el canto no hay hora ni estación precisa. Cante siempre el zenzontle, aun a destiempo, y escúchelo siempre yo como lo escucho —tan a deshora— ahora.

❧❧❧

Esta pequeña mata tiene un bonito nombre: se llama "belén". Mano de jardinero sabio la plantó, y luego la cuidaron sabias manos de mujer. Así creció el belén y se llenó de flores.

Un día el viento que baja de la sierra le arrancó todos sus pétalos. Yo no entendí aquello. ¡Tanto viento para tan poca flor! Habría bastado que un pájaro cantara cerca para que cayeran las frágiles corolas. ¿Y todo el viento del monte contra ellas?

Pasó el tiempo, y una mañana vimos el jardín lleno de flores. Entonces entendí lo que no había entendido: el viento que dispersó los pétalos también disper-

só las semillas del belén, y ahora era el jardín un bello manto colorido.

Hoy, cuando escucho el viento, pienso que el viento sabe lo que hace. Estoy tranquilo. El viento que a mí me lleva también sabe lo que hace.

Desde niño me preguntaba yo para qué servían las moscas. Al paso de los años aprendí que todas las criaturas sirven para algo. Sin embargo, mi duda sobre las moscas subsistía.

Acabo de encontrar un texto muy curioso según el cual Descartes inventó la geometría analítica observando desde su cama el vuelo de una mosca en un rincón de su aposento. «Pensé que la trayectoria del vuelo podía determinarse fijando sus puntos por la distancia perpendicular de cada punto al techo y a las dos paredes.»

De modo que ya lo sé: una mosca sirvió para que Descartes inventara la geometría analítica. (Me falta ahora saber para qué sirve la geometría analítica.)

Le hemos cortado el último higo a la higuera del jardín. En la memoria está el sabor de sus frutos, lúbricos y bíblicos, y sobre la mesa de la cocina miro los frascos de la riquísima mermelada que en el invierno será recuerdo del verano.

Ahora estoy viendo mi higuera. Movidas por el viento de la tarde las ramas del viejo árbol parecen los brazos de un buen trabajador que se despereza al fin de la jornada.

Cuando las hojas caigan, y sea la higuera como una mano abierta al cielo, evocaremos los higos del ayer y pensaremos en la promesa de los que mañana llegarán. Eso es la vida: recuerdo y esperanza.

❧❧❧

Este pájaro carpintero tiene la puntualidad de un tren inglés: todos los días a las 7 de la mañana suena el sonoro sonar de su pico telegráfico.

Yo miro al artesano volador. Es de plumaje gris y tiene en lo alto de la cabeza un copete blanco y rojo que se parece al gorro frigio de un revolucionario de la Francia. Seguro escalador, se posa en el tronco del añoso nogal y busca ahí su pan de cada día, hecho de insectos.

He aquí lo que pienso mientras veo a este pájaro percusionista y escucho su rítmico tambor: ahora él se come a los insectos; mañana los insectos se lo comerán a él.

Eso pienso. Y pienso que la vida es un cuento de nunca acabar. Un hermoso, apasionado, alegre y trágico cuento de nunca acabar.

❧❧❧

Mi huerto es un jardín, y mi jardín un huerto. En aquél nacen flores jardineras, y hay árboles en éste que me dan frutos de prodigio.

Este año hemos comido duraznos, higos, chabacanos... Terciopelo por fuera, mar de aguas dulcísimas por dentro, los duraznos tienen la forma de una tor-

neada grupa de mujer. Los higos evocan la original
procacidad del Paraíso, y se percibe en los chabacanos un suave aroma de muchacha que todavía no sabe
del amor.

Húmedo con la lluvia, vibrante con los ocultos deseos de la vida, en mi jardín cabe todo el mundo, caben todos los mundos. La otra noche se encendió en
él la luz de las luciérnagas, y yo sentí que la vida me
miraba desde la hondura del silencio con su mirada
verde, y me decía entre el rumor de los helechos que
ella me pertenece, y que le pertenezco yo.

¿Qué súbito regalo ha sido éste? Son las horas del
alba, y voy en mi automóvil por la carretera con rumbo al aeropuerto de Monterrey. Se extienden todavía
frente a mí las penumbras de ¹a noche.

De pronto, al dar la vuelta en una curva, asoma el sol
por encima de la montaña, y con su luz se llena el valle. Aquí viene el regalo: la tierra está cubierta de
arbustos coronados con una flor color de malva, o lila,
o rosa. Todo el mundo, hace un minuto perdido en la
tiniebla, se ha vuelto luminoso y colorido para mí.

Yo voy de prisa, porque el avión no espera. Pero me
detengo y bajo del coche unos instantes a contem-
plar aquella maravilla. La tengo ahora en el recuerdo
como una visión perfecta de belleza. Irá conmigo siempre aquel instante fugitivo en que el paisaje se puso
un sombrero de sol, y en la solapa una flor color de malva, para que yo lo viera.

En la nocturna oscuridad me despertó el maullido. Era, lo pude adivinar, un gato hambriento. Por la noche los gatos se adueñan de mi ciudad —de todas las ciudades se hacen dueños—, y van por las calles como va por la selva el implacable tigre.

Recordé que en la cochera de mi casa hicieron su nido las golondrinas de cada año. En él tienen tres polluelos, tibios como la vida, como la vida, frágiles. Pensé que si el gato trepaba a la capota de mi coche podría asaltar con facilidad el nido. Me levanté de prisa, entonces, y saqué el automóvil a la calle. Se fue el gato tras de mirar el nido inaccesible.

En unos días más volarán las pequeñas golondrinas y su piar será gozo del aire. El vuelo y la canción serán obra de Dios, pero yo habré ayudado también un poquitito.

❧❦❧

Salí temprano a caminar entre los nogales de la huerta. Descansan ellos tras concluir la artesanía de sus nueces. Yo paso bajo las ramazones como bajo un dosel de telarañas.

Veo una nuez y voy a recogerla. En eso advierto la presencia de una ardilla que me ve desde un tronco caído. Me mira con mirada de reproche: la nuez le pertenece; los vareadores me entregaron ya las que son para mí. Dejo la nuez en su lugar y me retiro un poco avergonzado. Vuelvo la vista: la ardilla ha recogido la nuez y va con ella como con un tesoro.

Hermanos tenemos que no hablan. Debemos aprender a oírlos. Y debemos también aprender a compar-

tir con ellos todas las cosas, ya sean tan pequeñas como el mundo o tan grandes como una nuez.

La oveja, la cabra, el cordero, el carnero y el ciervo balan; el gamo gamita; el buey y la vaca mugen, pero el toro brama; el caballo relincha; el perro ladra; el gato maúlla; el león y el tigre rugen; la pantera himpla, lo mismo que la onza; el lobo, el chacal y el coyote aúllan; el becerro berrea; el asno rebuzna; el oso y el cerdo gruñen; el jabalí arrúa; el mono, el conejo, la liebre y el ratón chillan; el elefante barrita; el gallo canta, la gallina cacarea y el pollito pía; la rana croa; la serpiente silba; la abeja zumba; el pájaro gorjea; la cigüeña crotora; el grajo grazna; el cuervo crascita; el pato parpa; la paloma zurea; el grillo y la cigarra chirrían...

Y lo hacen bien, conforme a su necesidad.

El hombre habla.

Y lo hace mal, y casi siempre habla de más.

¿Qué buscas entre la noche, Terry? Vienes y vas por las habitaciones de la casa, y tus inquietos pasos suenan en la madera de los pisos con un ruido que me recuerda el de una antigua máquina de coser.

¿Por qué, pequeño mío, perro mío, no duermes como yo? Con el sueño desaparecen los fantasmas nocturnos, esos que te siguen o a los que tú sigues. Llegas de pronto y rozas mi mano con tu hocico. Piensas que tu señor puede llamar al día y hacer que salga el sol, disipador de espectros. ¡Cómo quisiera, Te-

rry, ser dueño de la luz! Te la regalaría para alejar de ti las sombras que te asustan.

Todos tenemos sombras que nos siguen, Terry. No les temas: desaparecen siempre con la luz. Lo sé porque yo mismo voy a veces por los oscuros aposentos de mi casa. Pero no tengo miedo, pues sé esperar la claridad del día. Espérala tú también, mi perro amado, y aprenderás lo que he aprendido yo: que la luz llega siempre, y que siempre las sombras acaban por desaparecer.

En la penumbra de la duermevela oigo la voz de un pájaro hecho música. ¿Qué insólita ave es ésta que canta entre las brumas del otoño? Voy a la ventana y busco en el árbol al anacrónico rapsoda. No lo hallo; las ramas están desnudas de fronda y de canción.

Y sin embargo escuché trinar de ave. ¿Acaso el viento removió las arias de la primavera, aquellos cantos que se quedaron enredados en la ramazón, y los hace sonar otra vez, fantasmas de romanzas idas? En la casa de mi niñez se oían voces de repente, y nos decía la abuela que eran pláticas de los antepasados cuyos ecos habían quedado en un rincón, y de ahí las sacaba un golpe de aire.

¿Será también el canto que escuché un eco revivido? Quién lo sabe. En todo caso sé que el viento invernal removerá algún día las ramas del corazón aridecido y de éste saldrán recuerdos, como canciones de ave que se fue.

Me he quedado dormido en el sillón de la sala y he soñado. En mi sueño vi al Terry, mi amado perro cocker. Lo vi otra vez como en aquella mañana con clara luz de abril. Él, joven y vigoroso aún, corría por el campo atrás de un conejillo. Lo perseguía por juego, sin intención alguna de alcanzarlo. Tan es así que al correr volteaba la cabeza para mirar si yo lo estaba viendo en su cacería.

Ahora el Terry es viejo: tiene ya 14 años. Duerme en este momento, igual que dormía yo. Quizá me está soñando como lo estaba soñando yo a él, y en su sueño soy aquel hombre de ayer, que iba feliz con su perro por el campo.

Quién sabe... En esta vida todo es cuestión de sueños. ¿Será lo mismo en esta muerte? Difícil la pregunta para un perro, y más para un hombre. Entonces no te despiertes, Terry, que yo me volveré a dormir. Sigamos soñando... Sigamos durmiendo... Es decir, sigamos viviendo y muriendo.

❧❧❧

Flota la luna en el gran charco de la noche, como una flor caída, y canta el grillo su pertinaz canción.

Llueven todas las lluvias de la lluvia; todo el paisaje se disuelve en agua, y se oye siempre el serrucho del porfiado grillo.

Sopla el viento del sur, tibio con el recuerdo de lejanas selvas, y canta el grillo, canta... Luego llegan del norte las ráfagas primeras del invierno y el grillo sigue diciendo su monótona recitación.

Este mínimo chantre es mi maestro. Apunto en mi cuaderno su enseñanza: la vida nunca deja de can-

tar; tú nunca dejes de escuchar su canto, y añade a él tu propia canción, aunque sea humilde y pequeña como la del grillo.

❦

El Terry, mi amado perro cocker, es un anciano perro. Más de 15 años tiene ya, edad que en los caninos es provecta. Ahora le gusta echarse al sol, dormir la siesta aunque no sea hora de la siesta, y caminar despacio por los andadores del jardín.

Pero de pronto pasa una libélula. Recuerda el Terry su temprana juventud y va tras ella. Se hace invisible en el aire la libélula. Mi perro se vuelve a mí, desconcertado, como para preguntarme a dónde fue.

¿Qué importa, Terry, a dónde fue? ¿A dónde, dime, van los sueños? Lo que importa es no dejar de perseguirlos. Yo también tengo libélulas que pasan y se van. Pero siempre estoy esperando la siguiente, pues si ya no la espero me iré yo. Tú no te vayas, Terry, porque te necesito más de lo que me necesitas tú a mí. Vamos a esperar, juntos los dos, nuestras libélulas. Vendrán y se irán luego, pero aquí seguiremos tú y yo, caminando —aunque sea despacito— por los andadores del jardín.

❦

Algunas tardes la tarde se pone impresionista y con neblina pinta paisajes desvaídos. En ellos se pierde el alma, y se reencuentra. Hay veces en que perderse es la mejor manera de encontrarse.

La bruma baja de lo alto de la sierra como un rebaño silencioso. Se mete por las calles y va borrando

las casas poco a poco. En la mía estoy yo, viendo pasar esta callada nube. Todo se desdibuja, hasta el recuerdo. ¿En qué tarde así hubo otra tarde así?

El árbol que se veía no se mira ya. Quizás el árbol dice: "El hombre que se veía ya no se ve." Quizá...

Tiende tu mano y tócame para saber que existo. Di mi nombre, para escucharme. Ahora soy todo neblina. Ven. Si me abrazo a ti ya no me perderé.

4 | De Dios y de Jesús, de los ángeles y los santos (de San Virila en particular), y de la mamá de todos los pecados

San Francisco de Asís, segundo Cristo, es el mejor hombre de todos los que han vivido sobre la tierra.

Medieval y moderno, fue símbolo ayer de quienes buscaban otro mundo, es símbolo hoy de los que quieren salvar éste. Desde su riquísima pobreza, desde su majestuosa pequeñez el Pobrecito de Asís nos sigue hablando: su voz tiene a un tiempo la fresca transparencia de la hermana agua y el fuego intenso del hermano sol.

Amo a Francisco de Asís porque es el más santo de todos los poetas, pero lo amo más porque es el más poeta de todos los santos. Él vive en mi Porciúncula. En la pequeña capilla del Potrero de Ábrego hice poner su imagen: lleva un libro en la mano y una llaga en el lado del corazón. Sobre mi mesa de trabajo tengo su *Preghiera semplice*; la leo siempre al comenzar la labor de cada día: «Señor: hazme instrumento de tu paz. Donde haya odio siembre yo amor...».

Bienaventurado el que aprenda del Poverello a sonreír con los estigmas. Bienaventurado el que sea, como él, juglar de Dios.

Desde hace varios días me acosa una duda teológica muy grande.

Sucede que fui en mi camioneta a un paraje de la sierra. Cuando llegó la noche decidí volver. Estrecho era el camino y puse la reversa para dar la vuelta. Algo me hizo frenar. Inquieto, bajé del vehículo y encendí una lámpara. Me había detenido justo a la orilla de un barranco. Si hubiese retrocedido más habría caído en él. A la luz de la linterna vi un gusanito. De no frenar lo habría aplastado; el gusanito habría muerto aun antes que yo.

Ahora me pregunto: ¿cuál ángel de la guarda hizo que yo me detuviera? ¿Mi ángel o el del gusanito? Porque los gusanitos deben tener también ángeles guardianes. Los merecen, al menos, más que yo. ¿Por cuál de los dos estoy con vida? ¿Por el ángel del hombre o por el ángel del gusano? Quién lo sabe. Una cosa, sin embargo, se me ocurrió pensar cuando venía de regreso: el misterioso amor de Dios abarca a todas sus criaturas y las hermana en un solo ser universal.

☙❧

Los ángeles, que conocen todas las discusiones bizantinas que los hombres han tenido sobre ellos, se las cobran hablando sobre los humanos.

Un día los ángeles discutían acerca de quiénes entre los hombres eran los que conocían más a Dios.

—Son los teólogos —afirmaba uno arreglando las plumas de sus alas—. Ellos poseen la ciencia de la divinidad. Después de leer la *Summa* de Tomás de Aquino, hasta al Señor mismo se le quitaron las últimas dudas que tenía de su propia existencia.

—No —replicaba otro ángel de prominente aureola—, quienes saben más de Dios son los santos. Ellos poseen el amor de la divinidad. ¿Cómo no creer que hay un Dios en el cielo, si hubo un Francisco de Asís en la tierra?

El Señor oía a lo lejos, divertido, la disputa de los ángeles. Se acercó a ellos, y ellos le pidieron que acabara con la discusión diciéndoles quiénes eran los que sabían más de Dios.

—Los que saben más de Mí —dijo el Señor—, son los ancianos y los niños. Los niños, porque acaban de salir de Mis manos, los ancianos porque están ya muy cerca de Mis brazos.

Así dijo el Señor y supieron los ángeles que había terminado la discusión.

❧❧❧

Si yo escribiera, como Gabriel Miró, unas *Figuras de la Pasión del Señor*, pondría en primer término a Pedro el pescador.

Jesús, el Cristo, es Dios. María, su madre, está entre lo humano y lo divino. Juan, el discípulo amado, es casi un ángel. Pedro, en cambio, es un hombre como nosotros. Está manchado por todas las culpas de lo humano, y anda de cabeza siempre, lo mismo en la vida que en la muerte, confuso ante el misterio, acobardado, capaz de traicionar a quien lo ama y de llorar luego su traición.

Pedro soy yo, Pedro eres tú en el drama. Estamos ahí con nuestra fragilidad y desamparo, con nuestras bravatas de niño y nuestras fallas de hombre, con

nuestras claudicaciones y el río final de nuestras lágrimas.

Pedro es el hombre débil, la caña que gime en la tormenta. Pero sobre él construyó Dios su obra entre los hombres, porque a nadie más hombre que él pudo encontrar. En su profunda humanidad estaba lo divino. A ese hombre, tan parecido a ti y a mí, le dio el Señor las llaves de su Reino.

Este pintor empieza su labor a prima hora de la mañana. Discurre por la tabla su pincel, con mansedumbre, o acaricia el muro con un roce como de rosa, silencioso. Continúa en la tarde su labor, y la prosigue mientras el sol va caminando del mediodía al ocaso. Y todavía en la noche, con ayuda de una lámpara de aceite, afina los trazos y da a los colores su matiz.

Y sin embargo las obras de este pintor tienen todas la misma claridad. Hay en ellas una luz que no es luz terrenal. Otros pintores vendrán después, y pintarán las luces, las variables luces del mundo en la mañana, en la tarde y en la noche. Pero lo que ellos pintarán no será luz, sino impresión de luz. Este pintor, en cambio, pintará la luz que lleva dentro, la que no cambia nunca porque es eterna luz.

Este pintor se llama Guido di Pietro. Se le conoce más como Fra Angélico.

En su artículo para el número de Pascua de la revista *Iter*, propone Malbéne una tesis que seguramente causará inquietud. Dice lo siguiente:

«... Muchos confunden "cristianismo" con "evangelismo". El evangelismo es mera doctrina; el cristianismo, en cambio, es vida. Como vida, y no como teología, debemos ver el símbolo eucarístico: cuando comulgamos, el cuerpo de Cristo entra en nosotros. Pero no ha de entrar ahí como en una sepultura: en cada uno de nosotros debe resucitar en obras de amor y bien. Si así no resucita, seremos tumbas de Cristo, y Él estará en nosotros muerto y sepultado...».

¿Quiere decir Malbéne que a veces Cristo muere en los cristianos? No lo dice; sólo parece sugerirlo para marcar una de sus doctrinas recurrentes: la esperanza y la fe son nada si no se vuelven caridad. En todo caso, las palabras del teólogo de Lovaina serán de seguro motivo de polémica. Casi siempre lo son.

Jean Cusset, ateo con excepción de la vez que oyó el "Gloria" de Vivaldi, dio un nuevo sorbo a su martini —con dos aceitunas, como siempre— y continuó:

«Se dice que el soneto más bello es el que posiblemente escribió fray Miguel de Guevara en el siglo XVII, aquel que dice: "No me mueve, mi Dios, para quererte...". Poema del perfecto amor a Cristo es ése, en que se le ama por Él mismo, por la piedad que inspira su crucifixión, y no por la esperanza del cielo o por el miedo que el infierno inspira.

»En mis lecturas orientales encontré un poema muy parecido —siguió diciendo Jean Cusset—. Lo escribió una mujer arábiga de nombre Rabbia, que era esclava. Poema místico es también ése, y dice así: "Señor mío: si te sirvo por miedo al infierno, arrójame en

él; si lo hago por la esperanza en el paraíso, exclúyeme de él. Pero si te amo por Ti mismo, entonces no me prives de Tu eterna belleza".

»Este poema se compuso el año 800 —dijo Jean Cusset—. Está dedicado a Alá. Con la misma belleza otros pueden alabar a Dios, aunque su Dios no sea el nuestro.»

Así dijo Jean Cusset. Y dio el último sorbo a su martini, con dos aceitunas, como siempre.

❧❧❧

San Virila salió de su convento muy temprano y tomó el camino de la aldea. El campo estaba lleno de flores, brillaba el sol, las muchachas lavaban sus largas cabelleras en el río. A lo lejos se oían los gritos y risas de los niños que iban a la escuela.

En eso, se desprendió una enorme piedra de lo alto del monte. Iba a aplastar a una mujer que caminaba con su pequeño hijo, pero Virila hizo un movimiento de su mano y la gran roca se detuvo en el aire, y luego descendió muy lentamente hasta posarse en la tierra sin hacer daño a nadie.

—¡Gracias, padre! —clamó la mujer—. ¡Qué gran milagro has hecho!

San Virila volvió la vista al valle; miró las flores, el sol y las muchachas; oyó otra vez las voces de los niños.

—El Señor hace milagros —dijo—. Yo nada más hago trucos.

❧❧❧

Le dijo un hombre a San Virila:

—No creo en Dios. No creo que exista el alma. No creo que haya otra vida después de ésta. No pertenez-

co a ninguna religión, y pienso que ninguna es verdadera. ¿Qué opinas?

—Está bien —le contestó Virila—. Con tal que a
nadie hagas daño con tus ideas.

Se fue aquel hombre y vino otro.

—Creo en Dios —le dijo a San Virila—. Creo en la
existencia del alma y en su inmortalidad. Creo en una
vida eterna. Pertenezco a nuestra santa religión, porque creo que es la única verdadera. ¿Qué opinas?

—Está bien —le contestó Virila—. Con tal que a
nadie hagas daño con tus ideas.

Aquella mañana San Virila dio de comer a un perrillo
vagabundo que llegó a las puertas del convento.

Luego, visitó a un hombre enfermo.

En seguida, escuchó a una pobre anciana solitaria
que no tenía a nadie con quien hablar.

Después, consoló a una niñita que lloraba.

Por último, se puso a ver desde la ventana de su celda la hermosura del paisaje.

Lo interrumpió el hermano Ambrosio.

—Padre —le dijo—, me manda el superior a preguntar a Vuestra Reverencia si ya dijo su misa.

—Sí —contestó sonriendo suavemente San Virila—.
Infórmale que ya dije cinco misas.

San Virila no podía convencer a los incrédulos. Le
dijeron:

—Haz un milagro y creeremos.

Se alejó el santo con tristeza: aquellos hombres no querían fe, querían circo. Entonces, uno de la turba tomó una piedra y se la arrojó. Le iba a pegar en la cabeza, pero poco antes de llegar la piedra se convirtió en un pájaro que se posó en el hombro del buen fraile. San Virila lo tomó en su mano, le acarició las plumas de la cabecita y lo puso después sobre la tierra. Ahí el pájaro fue piedra otra vez.

—Es un milagro el pájaro y es un milagro la piedra —les dijo San Virila a los incrédulos—. Toda criatura del mundo y toda cosa son fruto de un gran milagro que cada día se renueva. Los que quieren ver más prodigios a más de ése, son ciegos que nada pueden ver.

San Virila predicó a los incrédulos. El oficio del incrédulo, sin embargo, consiste en no creer, y los incrédulos no creyeron en las palabras del santo. Le demandaron un milagro para poder creer.

Virila, entonces, se inclinó y tomó una brizna de hierba.

—He aquí un milagro —les dijo—. No lo hice yo; lo hizo el único que puede hacer milagros. Toda forma de vida es un milagro que deberíamos reconocer y venerar. Esta pequeña brizna de hierba es un prodigio. Si no creen ustedes viendo este gran milagro, tampoco creerán si muevo una montaña, lo cual sería un milagro considerablemente más pequeño.

Los incrédulos no entendieron las palabras de San Virila.

Los incrédulos jamás entienden nada.

Una manada de lobos carniceros bajó del monte por el hambre y llegó hasta el camino de la aldea. Por él iba San Virila a su convento. Los famélicos animales se lanzaron sobre el humilde fraile para devorarlo. Cuando el santo los vio venir corrió a todo lo que daban sus piernas y trepó a un árbol. Así pudo salvarse.

Al día siguiente los aldeanos le preguntaron, extrañados:

—¿Por qué no hiciste un milagro para salvar tu vida? Habría bastado un movimiento de tu mano para convertir a los lobos en ovejas, o hacerlos que se echaran a tus pies y lamieran tus sandalias.

—¿Y para qué un milagro? —les contestó Virila—. Ya el Señor había hecho dos: darme un par de buenas piernas para correr y ponerme un árbol cerca para subir a él. Cualquier otro milagro aparte de esos habría sido desperdicio.

Tenía razón el santo: después de tantos milagros que hace Dios, de los cuales —aunque no los veamos— el mundo está colmado, cualquier otro milagro sale ya sobrando.

❦

La encenderé otra vez cuando apenas albee la mañana.

La vela de la Divina Providencia. Pequeñita la vela, inmensa la providencia del Señor, su luz arde en mi casa el primer día de cada mes. A nadie le hace daño ese sencillo rito, y a mí me causa bien. Un amigo supo de tal costumbre mía y le dio risa. No le hice mucho caso: él tiene en su puerta una ristra de ajos con un gran moño rojo para ahuyentar la mala suerte.

Yo no me explico de dónde me vienen tantos dones: el pan cotidiano, la ropa, el techo de esta casa en que vivo con el amor y la felicidad. Tampoco el gorrión sabe de dónde le llega su alimento. Tan ignorante como él, yo puedo al menos encender un resplandor pequeño de esperanza, una pequeña luz de gratitud.

El artículo de Malbéne en el último número de la revista *Iter* será otra vez, seguramente, motivo de polémica. Dice el controvertido teólogo:

«...En cosas de lo sagrado hemos andado patas arriba. Predicamos que el Cielo es sagrado, y la Tierra un sitio pasajero y deleznable. En verdad la Tierra es sagrada, ya que es fuente y residencia de la Vida, de nuestra vida y de todas las formas de la vida. Cuiden del Cielo, pues, los serafines y los querubines, que ahí viven y moran, y cuidemos los hombres de esta Tierra, que es nuestra casa y la casa de quienes vivirán en ella cuando nosotros no vivamos ya...».

Eso dice Malbéne, quien declaró en reciente entrevista: «Pertenezco a una nueva especie de teólogos: soy teólogo de lo terrenal».

Pasaron los filósofos. Y dijo Dios:
—Éstos me intuyen.
Pasaron los teólogos. Y dijo Dios:
—Éstos me inventan.
Pasaron los científicos. Y dijo Dios:
—Éstos me adivinan.

Pasaron los poetas. Y dijo Dios:

—Éstos me ven.

❧❧❧

VILLANCICO

En su rueca de plata la Virgen hila.
Ha llegado un arcángel, y ella se inclina...

En su rueca de plata la Virgen hila.
Y pasa una Paloma, y ella suspira...

En su rueca de plata la Virgen hila.
Lleva un lirio en el seno la hermosa niña...
En su rueca de plata la Virgen hila.
Ha florecido el lirio en la noche fría...

En su rueca de plata la Virgen hila.
Su corazón de madre se entristecía.

En su rueca de plata la Virgen hila.
Al lado de la cuna la Cruz ya mira.
En su rueca de plata la Virgen hila.
Sus lágrimas hilaba... Jesús dormía...

❧❧❧

La mejor película de Chaplin fue una que nunca se filmó.

Su argumento se desarrolla en un cabaret atestado de gente que habla a gritos, ríe y se embriaga. El maestro de ceremonias anuncia la variedad. Se presenta un hombre vestido con una túnica blanca, coronado de espinas y cargando una pesada cruz. En el escenario unos malvados lo despojan de su túnica y comienzan a golpearlo con sus látigos. La gente sigue riendo y

divirtiéndose, sin hacer mucho caso de lo que sucede. Sólo un hombre solitario, ebrio de vino y de tristeza, se da cuenta de lo que está pasando. Grita de pronto:

—¡Hey! ¡Miren! ¡Otra vez están crucificando a Cristo!

Los demás le silban, se burlan y siguen con sus conversaciones y sus risas. Arriba los sayones ponen a su víctima sobre la cruz y comienzan a clavarle manos y pies. El ebrio se desespera y llora.

—¿No ven lo que está sucediendo? —grita volviendo la vista a todas partes—. ¡Lo están crucificando y nosotros no hacemos nada!

Intenta subir al escenario, pero lo detienen y lo expulsan para que no siga molestando. Termina la crucifixión y queda a solas el crucificado en su martirio, mientras la turba a sus pies sigue sin ver nada.

Ese era el argumento de la película de Chaplin. Quería él mostrar al mundo cómo cada día seguimos crucificando a Cristo, en medio de la indiferencia de todos. La película no se filmó jamás. Alguien consideró que el asunto era demasiado serio.

❧

La abuela de Giovanna Gassion era prostituta. Regenteaba en París un lupanar.

Giovanna, pequeñita, vivía con su abuela en el burdel. Cierto día la niña enfermó gravemente de los ojos, tanto que acabó por quedar ciega. Llorosas, afligidas, las prostitutas se postraron de rodillas en torno del lecho de la niña y le prometieron a Santa Teresita

que irían en procesión a su santuario si la niña sanaba y volvía a ver.

Un mes después, contra la opinión de todos los doctores, la pequeña recobró la vista. Jubilosas, las muchachas le acercaron un papel con letras y la niña lo leyó. Era una canción.

Otras canciones a lo largo de su vida encontraría Giovanna Gassion, a quien ahora conocemos con el nombre que la inmortalizó: Edith Piaf. Cuando escucho en mis viejos discos sus canciones pienso que la oración es siempre buena, aunque no seamos buenos los que la decimos.

Se reunieron los siete pecados capitales.

Estaba ahí la Lujuria, pobrecita, calumniada siempre, vilipendiada por los profesionales de la religión, que en ella ven al peor de todos los pecados, siendo que es el más débil, el que primero muere. Estaba la Envidia —tristeza del bien ajeno—, ácido que corroe al envidioso y no toca siquiera al envidiado. Estaba la Ira, ruidoso pecado y, por lo mismo, inútil. Estaba la Pereza, que nadie debe confundir con mi ocio, gran virtud. Estaba la Avaricia, sórdida mezquindad que hace que mueran pobres los más ricos. Estaba la Gula, última culpa de carne en que podemos caer...

En eso entró la Soberbia. Y dijeron todos los pecados:

—Ahí viene mamá.

¿De dónde saca don Abundio su sabiduría? Es viejo en años, sí, y es hombre de prudencias, pero ese saber que tiene parece de muchos siglos y de muchas gentes. Yo lo oigo hablar y escucho en sus palabras resonancias de antiguos libros que he leído, del Arcipreste de Hita, de Espinel, del Conde Lucanor...

Se quejan en las cocinas del Potrero las mujeres, y en el patio mascullan pesias los muchachos. Hablan de la sequía; de lo caro que está todo... Alguien pregunta:

—¿Qué iremos a hacer?

Don Abundio le da un trago a su taza de té de yerbanís y dice con sosegada voz:

—Al borrego trasquilado Diosito le mide el frío.

Quiere decir que cuando Dios no da, o cuando quita Dios, al mismo tiempo ve por sus criaturas de modo que puedan llevar su carga de sufrimiento o de necesidad. Es cierto: "Al borrego trasquilado Diosito le mide el frío."

⒜☙⒜

Jean Cusset, ateo con excepción de las veces que evoca a su abuelita, dio un nuevo sorbo a su martini —con dos aceitunas, como siempre— y continuó:

«Yo quisiera tener la fe del carbonero y ver en el Ripalda la única verdad. Mi alma es pequeña y tímida, como niña en primera comunión; pero mi pensamiento es arrogante y pone toda suerte de trabas a mi ansia de creer. Por la noche, en esa soledad que por la noche llega, creo en todo lo que creyeron mis mayores. De día, sin embargo, con el sol, dudo con la duda que agobia a los menores. Estoy cansado de escu-

char voces humanas. Ya no las oigo, porque sé que cuando me llegue el gran silencio oiré en él la voz de Dios, que es voz de vida eterna; la voz de la eterna vida...».

Así dijo Jean Cusset. Y dio el último sorbo a su martini, con dos aceitunas, como siempre.

Jean Cusset, ateo con excepción de cuando enferma, dio un nuevo sorbo a su martini —con dos aceitunas, como siempre— y continuó:

«El Dios del Antiguo Testamento es un Dios cruel. Es el terrible Yahvé que inventa toda suerte de castigos para los humanos: diluvios, fuego divino, horrendas plagas... En cambio, el Jesús del Nuevo Testamento es un Dios bueno y misericordioso que predica el amor, alivia el sufrimiento de los hombres, los consuela, y les da siempre su perdón y su paz.

»Creo haber dado con la causa de esa transformación —siguió diciendo—. Yahvé no conoció el amor de una madre. Jesús, sí.»

Así dijo Jean Cusset. Y dio el último sorbo a su martini, con dos aceitunas, como siempre.

5 De la familia, regalo del Señor, y de otras bendiciones de su alrededor

Este niño se llama Rafael, y es un arcángel. Cuando llega de la escuela —está en primer año de primaria— corre a mi casa y salta sobre mí para abrazarme.

El nombre de esta niña es Mariana. A sus cinco años me reprende como si fuera mi mamá. Voy a salir al aeropuerto, y ella me apunta con índice de acusación: «Ya te he dicho que no viajes tanto».

Este niño, Armandito, se llama como yo, y es algo de lo mejor que tengo yo. Hay en sus ojos claridad de cielo; lleva en sí todo el gozo y toda la música del mundo.

Esta pequeñita se llama Alejandra. Es el amor con pañales y chupón. Su sonrisa hace que salga el sol; oigo en su balbuceo las canciones del gorrión y de la fuente.

Este niño se llama José Pablo. Acaba de llegar a nuestra vida y ya la iluminó con su mirada. Yo lo tomo en mis brazos, y es como si tomara en ellos mi propio corazón.

A ti que ahora me lees voy a decirte un secreto: si yo hubiera sabido lo que es ser abuelito, habría tenido primero a mis nietos que a mis hijos.

En el mundo hay dos condecoraciones de importancia. La primera es la Legión de Honor, máxima presea que otorga Francia. La segunda es una condecoración que yo, sin merecerla, recibí este sábado.

Llegué a la casa de mi hija. Tenía prisa, pues iba a desayunar con mis amigos, pero pasé a dejarle algo. Ya me iba cuando mis nietos descubrieron mi presencia.

—Mami —le pidió con ansiedad a mi hija su niño mayor—. Dile a mi abuelito que se quede un ratito.

—¡No! —rogó con más vehemencia la pequeña—. ¡Dile que se quede cinco ratitos!

Hay dos condecoraciones de importancia en este mundo. Los franceses pueden quedarse con la suya. Yo recibí ya la mejor.

(Y perdonen mis amigos que no fui al desayuno).

❧❧❧

Relataba aquel hombre, todavía joven: «Quise darles a mis hijos lo que yo nunca tuve.

»Entonces comencé a trabajar catorce horas diarias. No había para mí sábados ni domingos; consideraba que tomar vacaciones era locura o sacrilegio. Trabajaba día y noche. Mi único fin era el dinero, y no me paraba en nada para conseguirlo. Quería darles a mis hijos lo que yo nunca tuve.»

Lo interrumpió alguien:

—¿Y lograste lo que te propusiste?

—Claro que sí —contestó el hombre—. Yo nunca tuve un padre agobiado, hosco, siempre de mal humor, preocupado, lleno de angustias y ansiedades,

sin tiempo para jugar conmigo ni entenderme. Ese es el padre que yo les di a mis hijos. Ahora tienen lo que yo nunca tuve.

Llega el viajero a Cáceres de España, ciudad romana, gótica y arábiga.

Alejada de los usuales caminos del turismo, Cáceres tiene un encanto que no se puede traducir. En su nombre hay ecos cesarianos; son sus murallas un grave discurso medieval; se advierte aquí y allá la fina filigrana del Islam.

Al término de la muralla está una casa. La edificó Juan Cano Moctezuma, nieto del infeliz emperador mexica bajo cuyo reinado se cumplió el vaticinio de la llegada de los hombres blancos y barbados.

Hijo de india y español fue Cano, ejemplo del fecundo mestizaje que surgió desde los años iniciales de la presencia hispana en estas tierras. Porque los españoles no fundaban colonias: creaban reinos. No aniquilaban a la población indígena: se fundían con ella. Por encima de la mentirosa leyenda negra brilla todavía la luz de España en suelo americano con resplandores de cultura, de lengua y religión. Por eso en la casa de Juan Cano Moctezuma, indio y español, este viajero, español e indio, se siente como en su propia casa.

Una vez un niño perdió su pelota.

Llorando fue con su padre, y él le dijo:

—Debes llorar sólo por cosas importantes.

Otra vez un rey perdió su trono.

Llorando pidió a Dios que le ayudara a recobrarlo.

Y Dios le respondió:

—Ahora no puedo. Tengo cosas más importantes que hacer. Debo ayudar a un niño a encontrar su pelota.

❧

Abel era muy bueno.

Caín, en cambio, era muy malo.

Así eran las cosas, y no podían hacer nada para remediarlas.

Los sacrificios de Abel eran propicios al Señor. El humo de su altar subía a confundirse con las nubes.

El humo de los sacrificios de Caín, en cambio, reptaba por el suelo y se revolvía con el fango.

Un día, cansado ya de aquello, Caín levantó la mano contra Abel y lo mató.

Por eso Abel, el bueno, no tuvo descendencia.

Caín, en cambio, sí se multiplicó.

Nosotros somos su descendencia.

No venimos de Abel, el bueno.

Venimos de Caín, el malo.

Así son las cosas, y no podemos hacer nada para remediarlas.

❧

Este hombre del retrato, este hombre triste
es mi padre: Mariano Fuentes Flores.

No están en el retrato sus dolores,
su mansa soledad... Él ya no existe,

murió hace mucho tiempo, pero asiste
todos los días a la cita: amores
y muertos vuelven siempre como azores
a la percha del alma. ¿Conociste

a mi padre? Yo no. Sólo lo quise.
No se lo dije nunca. No se usaba.
Como hizo con su padre con él hice.

Cuando por su ataúd crucé el abismo
ya era tarde. Hoy que digo «Yo te amaba»,
el hombre del retrato soy yo mismo.

Hace unos días escribí que ante mis ojos hay dos perfectas representaciones de la mujer y su misterio: una
es la Gioconda; la otra es una fotografía de Mariana,
mi bienamada nieta.

Sus papás le leyeron el texto a la pequeña, y ella vino a verme.

—Abuelito: leí lo que escribiste de mí.

(Ella no sabe leer aún).

—Qué bueno, hijita —respondí—. Y ¿te gustó?

—Sí —declaró con tono de emperatriz que favorece a un súbdito.

Luego, clavando en mí una mirada penetrante, me
preguntó:

—Pero ¿por qué pusiste también a la otra niña?

La otra niña es la Gioconda.

Y Mariana es la otra mujer. En las dos vive, igual que en todas las niñas y todas las mujeres, el eterno misterio femenino.

❧

Sin hojas ya se miran en el huerto los manzanos. Rindieron en agosto su cosecha de manzanas de oro y púrpura, y ahora descansan en el silencio de los días nebulosos.

Yo los contemplo, al mismo tiempo recuerdo y esperanza, y le digo a don Abundio que a esos árboles yo los quiero mucho.

—Son como hijos —le digo.

—No —me corrige él—. Son como hijas.

Le pregunto:

—¿Por qué son como hijas?

Y me responde:

—Porque nunca se van.

Yo no pregunto más. Guardo silencio. Ante un paisaje como éste, ante una sabiduría como ésta, lo mejor es el silencio.

❧

Con la misma humildad y el mismo azoro de Santa Isabel ante el prodigio, yo digo sus palabras: «¿Por qué se me concede esto a mí?».

En medio de la reunión familiar mi nieto siente sueño y busca mi regazo para dormirse en él. Yo lo tomo en los brazos y lo estrecho; acaso así oirá lo que mi corazón le dice: «Duerme, y sueña, en tanto que yo doy

gracias a Dios por permitirme ser, aunque sea por un ratito, el guardián de tu sueño y de tus sueños.»

Mis brazos han estado siempre llenos, llenos con la amistad y la mujer. Ahora están más llenos todavía con el tibio calor del pequeñito que en ellos duerme en paz. Por no turbar su sueño acompaso a la suya mi respiración, y tengo miedo aun de parpadear, pues eso podría despertarlo. Mientras el niño duerme junto a mi corazón yo pienso en lo que soy, en lo que he sido —yo pienso en lo que soy, enloquecido—, y repito con emoción y asombro: «¿Por qué se me concede esto a mí?».

Konrad III, tiránico monarca, puso sitio a Weinsberg, perteneciente al ducado de Baviera. Desvió el curso del río que surtía de agua a la ciudad, e hizo que sus soldados impidieran aun el paso de las aves sobre el caserío, de modo que sus habitantes perecieran de hambre.

Los defensores se negaron a rendir la plaza. Al cabo de unos días la sed hizo presa de la población. Una embajada de mujeres suplicó al tirano que las dejara irse. Accedió a la demanda Konrad: permitiría que todas salieran con sus hijos, y las dejaría además llevarse lo que cada una pudiera cargar consigo.

Salieron, en efecto, las mujeres. Cada una iba cargando sobre las espaldas a su marido, a su hermano, a su padre, a un hijo en edad de combatir... Así los salvaron, pues el rey tuvo que hacer honor a su palabra.

Lo que narré es un hecho histórico. Las mujeres —eso lo saben los hombres inteligentes— son dueñas de todas las inteligencias, pero además poseen la suprema inteligencia del amor.

Este hombre se llama Juan. Yo lo conozco bien, pues vive en el Potrero. Puedo decir lo que hace cada día. Se levanta cuando no hay luz en el cielo todavía. Almuerza un magro almuerzo y se va a la labor. Ahí trabaja una jornada dura, con sol de plomo o frío que congela. Su huerto es un jardín bien cultivado.

Esta mujer se llama Luisa. Es la esposa de Juan. Se afana hora tras hora en sus quehaceres. No sabe lo que es descanso, pero sus cinco hijos andan limpiecitos, y la pequeña casa albea como una blanca sábana recién lavada.

Juan y Luisa me invitan a comer. La comida es pobre. La comida es rica. Al terminarla ambos se persignan y dicen la sencilla oración aprendida de sus padres: «Gracias a Dios que nos dio de comer sin haberlo merecido. Amén.»

¿Sin haberlo merecido? ¿Ellos? Entonces ¿qué puedo decir yo? Rezo también, pero en mis labios la frase de acción de gracias es verdad. Yo sí que no he merecido esta comida. Ni siquiera merezco rezar con ellos la oración.

—Mi padre me llama mucho por teléfono —decía un hombre joven—, para pedirme que vaya a platicar con él. Yo voy poco. Ya sabes cómo son los viejos;

cuentan las mismas cosas una y otra vez. Además, nunca me faltan bretes: que el trabajo, que mi mujer, que los amigos...

—En cambio —le dijo su compañero—, yo platico mucho con mi papá. Cada vez que estoy triste voy con él. Cuando me siento solo, cuando tengo un problema y necesito fortaleza, acudo a él y me siento mejor.

—Caray — se apenó el otro—. Eres mejor que yo.

—Soy igual —respondió el amigo con tristeza—. Visito a mi papá en el cementerio. Murió hace tiempo. Mientras vivió tampoco yo iba a platicar con él. Me hace falta ahora su presencia y lo busco cuando ya se me fue. Platica con tu padre hoy que lo tienes, no esperes a que esté en el panteón, como hice yo.

En su automóvil iba pensando el muchacho en las palabras de su amigo. Cuando llegó a la oficina dijo a su secretaria:

—Comuníqueme por favor con mi papá.

❧❦❧

El semáforo cambia a rojo y yo detengo mi auto. Frente a mí ha quedado un coche de modelo viejo, opaca la pintura, desgastado. Va en él una familia: los esposos delante y en el asiento trasero sus dos pequeños hijos, niño y niña.

Algo dice el marido. Su mujer ríe; luego se inclina y le da un beso en la mejilla. Los niños ríen también. Yo me doy cuenta de que he contado mal los pasajeros que van en ese viejo coche. Pensé que eran cuatro. No: son cinco. Hay que contar a la felicidad.

Cambia a verde el semáforo. Avanzamos, yo en mi automóvil, ellos en su carroza de oro.

6 | Del tiempo fugaz y cambiante, de la muerte y del cementerio de Ábrego

En el pequeño cementerio de Ábrego está la tumba del cura de la aldea. La gente lleva flores a la tumba, pues dice que el señor cura fue un santo. Pero si la tumba del señor cura pudiera hablar, callaría esto:

«Yo sentí el llamado de Dios y lo seguí. Me hice sacerdote. Creía, claro, en Dios, y sentía que Dios creía en mí. Pero luego los tedios de la vida y los pequeños fracasos cotidianos me hicieron dudar de que Dios estuviera conmigo, y entonces comencé a dejar de estar con Dios. Dejé de creer en Él, no sé si porque leí algunos libros o porque no leí los suficientes. Únicamente los que saben mucho y los que no saben nada tienen a su alcance a Dios. Así, perdí la fe. Pero a nadie lo dije. No importaba que yo no creyera en Dios: lo importante es que las gentes a quienes yo amaba sí creían en Él.

»Por amor a ellos seguí amando a Dios. Le rezaba por las noches reclamándole que no existiese. Todos me tenían por un buen sacerdote. El obispo me proponía como ejemplo a los demás. A mí, que me dolía ser ateo porque no tenía a quien dar las gracias por los dones que de la vida recibía.

»Uno de los dones que de la vida recibí fue el de la muerte. La tuve tranquila. Mis últimas palabras, dirigidas a los pobres que rodeaban mi lecho, fueron

éstas: "Dios los bendiga". En sus lágrimas, vi que mi vida no había sido inútil. Y dije para mí: "Gracias a Dios". Porque no había más a quién darle las gracias. Ahora sé que...».

Otras palabras hay en la tumba del santo sacerdote que no creía en Dios. Sin embargo, el viento que sopla en el cementerio no deja que se escuchen.

Hay una tumba en el pequeño cementerio de Ábrego. Si pudiéramos escuchar lo que las tumbas dicen, esto es lo que oiríamos:

«Fui su novia 15 años. Al cabo de ese tiempo me dejó y se casó con otra. Nadie después me cortejó: pensaban todos que yo ya había sido suya. Si no, ¿entonces por qué me despreció? La verdad es que no me tocó nunca: ni siquiera eso tengo que agradecerle. Me dejó seca; seca de él y seca de mí. Cuando morí no hice más que morir de nuevo. Ahora, al lado de la mujer que ronca en la misma cama, me ve de pronto por las noches. Él cree que es un sueño, pero no: soy yo, que lo persigo siempre. Así será hasta que él sea también otro fantasma. Entonces yo descansaré, y él se perseguirá a sí mismo hasta la eternidad...».

Eso dice aquella tumba del cementerio de Ábrego. Hay quienes pueden perdonar, pero no olvidar. El amor no cumplido ni olvida ni perdona.

En el humilde cementerio de Ábrego hay una tumba sin inscripción. Las tumbas de los pobres no tienen

voz; lo mismo que ellos. Pero quienes saben leer donde no hay palabras escritas pueden leer esto:

«Fui el borracho del pueblo. Mi vida fue muy corta: parece que sólo un día hubo entre las mañanas de mi infancia, cuando sostenía la patena al señor cura al dar la comunión, y las noches de mi ebriedad, cuando en la cantina del pueblo sacaba de las escupideras colmadas las monedas que los hombres echaban ahí para reír viéndome sacarlas.

»Oigo ahora que dicen de mí que siempre fui pobre, y triste, y solo, porque me emborrachaba. No. Me emborrachaba porque siempre fui triste, y solo, y pobre. Mi padre se emborrachaba también, y supongo que mi hijo hará lo mismo. El mundo no ha cambiado. Sigue habiendo pobreza, y tristeza, y soledad. También el mundo debe estar borracho.

»Mi tumba fue antes de mi padre. Será después de mi hijo. Y podría yo decir que los tres nos haremos a un ladito para que quepa el mundo aquí cuando se muera. Pero no me hagan mucho caso. Estoy borracho».

❧❧❧

Hay en el cementerio de Ábrego una tumba. El tiempo ha borrado las letras de su lápida, y nadie recuerda ya quién está ahí. Pero este día hay viento, y el viento ha levantado el polvo del panteón, y el polvo habla en el viento y dice:

«Mientras viví nunca pensé que iba muriendo, y no pensé cuando morí que renacía. Ahora sé que la vida y la muerte son una misma cosa. Más aún: sé que en verdad no hay muerte. Sólo la vida existe, y todo lo llena con su eternidad. Ahí te espero».

¿Quién dice esas palabras? No lo sé. Quizá las digo yo. O quizá —quién sabe— las estás diciendo tú. El viento va llevando las voces de la tierra, y en esa tierra vamos todos, y todos somos esa tierra.

Oigamos en el viento estas palabras: "La tierra es el cuerpo de Dios." ¿Quién dijo esas palabras? No lo sé. Quizá las digo yo. O quizá —quién sabe— las estás diciendo tú.

❧❧❧

Llegó la Muerte a buscar a doña Matildita. Ciertamente era tiempo de que la buscara, pues doña Matildita había llegado ya a la ancianidad.

Llamó a su puerta y nadie abrió.

—¿En dónde está Matilde? —le preguntó la Muerte a una vecina.

—Anda con las cabras —le respondió ella.

Se fue la Muerte y regresó al cabo de algún tiempo. Tampoco esa vez halló a Matilde en su jacal.

—¿A dónde fue? —preguntó.

—Está ordeñando la vaca —le dijeron.

Pasaron unos meses y volvió la Muerte. Matilde había salido.

—¿Dónde anda? —preguntó la Muerte.

—Llevó a los animales a tomar agua.

—Me doy por vencida —masculló la Muerte—. Esta mujer siempre anda haciendo algo.

Y así diciendo, fue y se llevó a otra mujer que nunca hacía nada.

Este cuento se narra por las noches en las cocinas del Potrero. Doña Matilde lo oye y ríe por lo bajo mientras atiza con un palo las brasas del fogón.

❧❧❧

«...Julio Romero de Torres pintó a la mujer morena...».
Así comienza la letra de un famoso pasodoble.

Pero no sólo pintó mujeres morenas aquel pintor
de España. Su primer cuadro se llama "¡Mira qué
bonita era!". En el barrio de Santa María, en Córdo-
ba, murió una niña de 12 años. El artista, impresionado por su temprana muerte, pintó la escena de sus
funerales. Yace la jovencita en su ataúd, puesto en la
sala de la casa. Su larga cabellera sale del féretro y
cae como una mancha negra sobre la blanca tela que
cubre el túmulo mortuorio. Junto a la muerta, sentado
en una silla, llora el padre ocultando su rostro entre
las manos. La madre, de pie, gime desconsolada. En
un rincón la abuela reza su rosario. Por la ventana abierta, que deja entrar a raudales la luz de la mañana, se
asoman los curiosos. Hay entre los dolientes otra niña.
Entendemos que es amiguita de la muerta. Su larga
cabellera cae como una mancha negra sobre su albo
vestido juvenil.

«...Julio Romero de Torres pintó a la mujer morena...». También pintó el eterno ritmo de la vida y la
muerte.

Hay en el cementerio de Ábrego una tumba. En su
cruz pueden leerse un nombre y una fecha: «Amapola. 1911-1931».

«...La gente se rió cuando mi madre me puso Amapola. Aquí todas se llaman María, Juana, Petra. Pero
ella había ido al pueblo, y en el cine vio una película
que se llamaba así, y así me puso.

»Desde niña fui rara como mi nombre. Cantaba siempre, y decía cosas en voz bajita para que nadie me oyera, nomás yo. En la escuela me llamaban "Hablasola". Una vez hubo un día de campo de los ricos. Yo traía las cabras y desde lejos los vi jugar. Un muchacho leía cosas de un libro a una muchacha, y lo dejaron ahí, olvidado. Y yo lo recogí, y lo leía a escondidas. Tenía palabras muy bonitas el libro, de golondrinas que vuelven y de recuerdos que se van. Y leyéndolo se me ocurrió una cosa, y la escribí como si fuera mi nombre en la primera página: "Ama sola".

»Luego, llegó la epidemia con su rebaño de muertes, y una de ellas fue para mí. Ayer dos jóvenes de la ciudad visitaron el cementerio y se detuvieron junto a mi tumba, y uno dijo: "¿Por qué tiene que morir una muchacha de 20 años que se llama Amapola?".

Y yo sonreí dormida: por mí alguien había dicho palabras muy hermosas, como aquéllas del libro.»

Hay en el cementerio de Ábrego una tumba olvidada. No existe olvido mayor que el de una tumba olvidada. En ésta, sin embargo, puede oírse una voz:

«...Cuando el maestro de la escuela se embriagaba, solía decirnos que no hay alma en el cuerpo; que todo termina con la muerte. Ahora sé que eso no es cierto. Hay cosas que no se ven, y sin embargo existen. Puedes ver el grano de trigo, pero no el alma que lleva dentro. El alma del trigo se te muestra hasta que lo sepultas en la tierra. Muere el grano, y de él nace la planta con sus hojas verdes, su tallo y la colmada espiga. Ésa es su alma.

»Cuando me tocó el turno de morir, supe que algo no moriría en mí. Y sucedió conmigo lo que con el trigo pasa: bajé a la tierra, como él, y la muerte liberó en mí una vida que llevaba en mí sin conocerla, así como el grano de trigo no conoce la espiga que va en él. Todos los argumentos contra la muerte caben en un grano de trigo...».

Hay en el cementerio de Ábrego una tumba olvidada que nos recuerda muchas cosas.

❦

¿Cuánto duran los dioses? Poco. Unos cuantos millares de años a lo más. Dijo Ambrose Bierce que Ra, divinidad poderosa del Egipto, es hoy tan sólo una palabra en los crucigramas.

Menos han de durar las ciudades de los hombres. Y el hombre mismo quizá tampoco va a durar: otras grandes criaturas de la Tierra desaparecieron; a lo mejor también nosotros estamos en vías de extinción.

Lo que yo creo que va a durar es el arco iris, las nubes, las gotas de agua de la lluvia y esta pequeña guija blanca que brilló cuando iba yo cruzando el lecho del arroyo.

Eso sí va a durar. Arco iris habrá aunque nadie lo mire ni hable de su color y su belleza. Y habrá lluvia, y aguas de las cuales no sabrá ningún paraguas. Y habrá pequeñas guijas blancas que brillarán al paso de nadie. Los dioses y los hombres son efímeros. Lo suyo no es la eternidad. La eternidad pertenece al arco iris, y a las nubes, y a esta pequeña guija blanca que tengo frente a mí mientras escribo para nunca y para nada.

❦

Son las 7 de la mañana en el Potrero. Abro la ventana —para que entre la gracia de Dios, dicen las gentes— y oigo los ruidos mañaneros: risas de niños que van a la escuela; gritos de mujeres que se llaman unas a otras; voces de hombres que arrean a sus animales. Es el sonido de la vida. Las 7 de la mañana es hora mágica.

Son las 3 de la tarde en el Potrero. Hasta el viento que baja de la sierra se ha aquietado. Nadie va por las casas. Roza apenas la tierra el sol de invierno. Todo calla. Es el silencio de la vida. Las 3 de la tarde es hora mágica.

Son las 11 de la noche en el Potrero. Van por el aire los aullidos de los coyotes y los persigue el ladrido de los perros del rancho. Llega a mi cuarto el crepitar del último leño en el fogón de la cocina y se oye el tic tac acompasado del viejo reloj que está en la casa desde antes de estar yo. Es la eternidad de la vida. Las 11 de la noche es hora mágica.

Todas las horas de la vida son mágicas. Toda la vida es mágica.

Está el viajero en España y va a Sevilla a ver las procesiones de la Semana Santa. Es decir, a ver la *Passio Domini Nostri Jesu Christi secundum populi*. "La Pasión de Nuestro Señor Jesucristo según el pueblo".

En la iglesia del Hospital de la Caridad contempla una pintura. Aparece en ella el cuerpo muerto de un obispo. Ha entrado en descomposición el cadáver; lo vemos con todas las señas de la putrefacción.

La terrible obra se llama *Finis gloriae mundi*: "Así acaban las glorias del mundo". Su autor es el sevillano Valdés Leal. En su tela, el artista quiso representar la vanidad de las cosas mundanales. Vio el cuadro otro pintor y se tapó la nariz. De esa manera, sin palabras, expresó su admiración por el tremendo realismo de la obra. No conozco crítica mejor a una pintura. Esa crítica, muda, la hizo Bartolomé Esteban Murillo.

❧❧

La fotografía cayó del libro que tomó al azar. Mostraba a un muchacho que parecía sonreírle al mundo.

Era él mismo, treinta años antes. Se sentó en el sillón y se aplicó a mirarse. ¿Qué había quedado en él de ese muchacho? Desde luego no el pelo, ahora escaso y entrecano. Tampoco, naturalmente, la esbeltez juvenil: los recios hombros de ayer no anunciaban la fofa barriga de hoy. Menos tenía ya, estaba seguro, aquel brillo en los ojos y aquella sonrisa luminosa.

Se sintió triste. Pero no por haber perdido algo de pelo y mucho de apostura. Al ver la imagen de aquel que había sido, rememoró sus sueños de muchacho y se dio cuenta de que hacía mucho los había perdido.

Volvió a poner la fotografía en el libro; puso luego el libro en su lugar, y supo vagamente que algo muy triste nos sucede cuando ya no soñamos nuestros sueños.

❧❧

Hablan los muebles de la casa. Sus voces no se escuchan por el día, pero en la noche se oyen claras.

Ayer, en la duermevela de la madrugada, sentí como un quejido. Prendí la luz y vi abierta la puerta del ropero que perteneció al abuelo, primer dueño de estas tierras. Me puse a hurgar en los cajones, para pasar el tiempo, y hallé un papel que pondría fin a las diferencias por cuestión de límites con el vecino.

Yo no digo que aquí haya algún misterio. Lo que digo es que en todo hay un misterio. Queda en las cosas algo de sus dueños, una especie de aroma desvaído de lo que fue y ya no es. En esta casa del Potrero, de vastos aposentos y largos corredores, se oyen aún antepasados ecos. Rieron las señoritas en la sala; hablaron de dinero en el despacho los señores; lloraron su pena en la capilla las madres de los niños muertos. Ahora los muebles dejan salir esas antiguas voces. Yo las oigo en el silencio de la duermevela, y me parece que muerte y vida son lo mismo, y que decir "hoy" y decir "ayer" es decir la misma cosa.

En el *Libro de los Muertos*, joya de la literatura egipcia, hay un conmovedor fragmento. El alma se presenta ante Osiris, el dios resplandeciente, sentado en su trono que rodean cuarenta y dos jueces. A su lado Annubis sostiene una balanza en cuyos platillos se han puesto las buenas acciones del difunto y las faltas que cometió en su vida.

El fiel de la balanza está en el centro: pesan lo mismo las buenas obras de aquel hombre que sus culpas.

La mitad de los jueces —los justos— lo condenan. Los otros —los misericordiosos— piden a Osiris que lo salve.

El dios vacila. Tembloroso, el difunto invoca en su defensa un último argumento:

—No hice sufrir a nadie —dice—. A nadie hice llorar.

Entonces Osiris abre los brazos y lo estrecha junto a su corazón.

❧❧❧

En la Galería Nacional de Londres mira el viajero un cuadro que lo conmueve. Es de Joseph Wright, llamado "*of Derby*" por haber nacido en esa ciudad inglesa, donde casi toda su vida trabajó.

A más de ser pintor, Joseph Wright era científico. Perteneció a un círculo de estudios llamado la Sociedad Lunar, cuyos experimentos retrató en sus obras. Ésta se llama *Ave en campana neumática*. Un pajarillo ha sido puesto dentro de una campana de cristal, y de ella se ha extraído el aire. Al producirse el vacío el ave ha muerto. De las personas que vieron el experimento algunas muestran curiosidad, otras asombro. Pero hay dos niñas que se abrazan y lloran con aflicción la muerte de la pequeña criaturita. Su llanto pone una nota de emoción en aquella fría escena de laboratorio.

¿Qué quiso decir Wright en ese cuadro? El viajero lo ignora. Entiende bien, en cambio, el llanto de las niñas: saben ellas que toda la ciencia de los hombres no será capaz de poner otra vez en el mundo esa vida que desapareció.

❧❧❧

Este hombre no puede recordar el rostro de la mujer que amó. Inútilmente se esfuerza en traer a la memoria los rasgos de la amada: se le pierden, como si aquella hermosa faz hubiese estado hecha de agua.

Anoche la soñó. Estaba ella junto a una ventana, y la luz del sol dibujaba sus facciones con perfecta claridad. El hombre se alegró en su sueño; seguramente la recordaría al despertar. No fue así: recordaba la ventana y el claro resplandor, pero otra vez había olvidado el rostro que adoró.

Espera soñarla de nuevo alguna vez. Todas las noches se va a la cama con la esperanza de ese sueño. Y siempre llega el sueño, pero el sueño nunca llega.

Muy rara cosa es la memoria, piensa el hombre. Nos hacer olvidar cosas que quisiéramos recordar y nos hace recordar cosas que quisiéramos olvidar.

Soneto con barco

El barco de Jasón el argonauta,
barco que surca el rojo mar de vino,
es como el mar: igual a sí y distinto.
Perdió el timón ayer, perdió el ancla,

y va con otros nuevos. Esa máscara
que sal y sol bebió por el Euxino
es otra ya; su mástil no es el mismo,
y su proa y su popa, laceradas,

por otras se cambiaron. Y me digo:
si ni un clavo siquiera el barco guarda
de lo que tuvo ayer, ese navío

¿es otro ahora o es el del principio?
Jasón, como su barco, también cambia.
Y cambio yo también mientras escribo.

Jean Cusset, ateo siempre con excepción de las veces que su hijita le da un beso, miró a contraluz su martini —con dos aceitunas como siempre— y continuó:

»Yo no temo a la muerte. Temo al dolor del cuerpo, sí, y a ese supremo dolor del alma que es la soledad. Pero a la muerte no. Y no la temo porque jamás estaremos juntos ella y yo: ahora que yo soy, ella no es; cuando sea ella, yo ya no seré.

»Todo es vida —siguió diciendo Jean Cusset—, hasta la muerte. La misma vida que Dios creó en el principio de los tiempos es la vida que ahora hay, infinitamente varia, como el mar, infinitamente igual a sí misma, como el mar. De esa Vida soy parte. Mi vida de ahora se repetirá en la Vida eternamente.

»Dios es Amor, nos enseñaron —concluyó Jean Cusset—. Si es Amor entonces es Vida. Y no puede haber muerte contra Él».

Así dijo Jean Cusset, y dio el último sorbo a su martini, con dos aceitunas, como siempre.

7 | Del Padre Soárez, y de sus dudas existenciales

E l padre Soárez charlaba con el Cristo de su iglesia:

—Señor —le preguntó—, ¿verdad que la tuya es la única verdadera religión?

—No digas eso, Soárez —lo reprendió con suavidad Jesús—. Cuando hablas así no sólo faltas a la caridad, sino también a la buena educación. Si un bondadoso caballero te invita a su casa, ¿te molestarás porque otros invitados llegaron por un camino diferente al tuyo? Muchos son los invitados a mi casa, y muchos los caminos por donde pueden llegar a ella.

—¿Te refieres, Señor —preguntó tímidamente el padre Soárez— a las diversas denominaciones cristianas?

—¡Oh, no! —respondió el Señor—. Hablo de todas las religiones. Y aun quienes no practican ninguna son también mis invitados. Llegará a mi casa el que haga el bien. Lo que está mal es dejar tu camino para pelear con el que va por otro. ¿Es cristiano hacer de un hombre tu enemigo por el solo hecho de que se dirige a mi casa por otro camino que el tuyo?

El padre Soárez se quedó pensando, y llegó a la conclusión de que todos los caminos llevan mucho más allá de Roma.

El padre Soárez platicaba con el Cristo de su iglesia.

—Señor —le decía—. Tengo miedo de morir.

Jesús le contestó:

—La culpa es de ustedes, los profesionales de la religión. Se han ocupado siempre en inspirar a los hombres el miedo de la muerte. Les dicen que tras ella deberán comparecer ante un Juez severo, y aun vengativo, que podrá condenarlos a un eternal castigo. Con ese miedo han lucrado los vendedores de Dios. Han hecho una mercadería de la esperanza de la vida eterna. No temas tú a la muerte. Si alguna enseñanza quise que guardaran los hombres es la de la fe en una vida que no acaba.

—Entonces, Señor —preguntó el padre Sóarez—, ¿no le debo temer a la muerte?

—No —le respondió Jesús—, a menos que le temas también a la vida.

El padre Soárez charlaba con Dios en su habitación.

—Vieras, Señor —le decía muy pensativo—. Conforme tengo más años, siento que me voy volviendo más bueno, más amoroso, más comprensivo y tolerante, menos severo y riguroso, más dado a la indulgencia y al perdón...

En los labios de Dios apareció una suave sonrisa.

—Ah, Soárez —le contestó a su amigo—. ¿Cómo crees entonces que me sentiré yo, que tengo todos los años del mundo?

Cada día aquel hombre llegaba a la pequeña capilla del padre Soárez y postrado frente a la imagen del Señor le hacía toda suerte de peticiones.

Una noche el padre Soárez, tras de cerrar la puerta y apagar las velas que ardían en el altar, se puso a platicar con el Cristo en la soledad de la capilla.

—Señor —le dijo—. El hombre que te reza cada día se queja amargamente. Dice que no le das todo lo que te pide.

—¿Y qué más dice? —preguntó el Señor.

El padre Soárez bajó la cabeza algo apenado.

—Murmura de Tu misericordia, Señor —le respondió—. Desconfía de Tu providencia.

—¿Ah sí? —se molestó el Señor—. Entonces habrá que castigarlo.

—¿Y cómo lo vas a castigar? —preguntó temeroso el padre Soárez.

—En la forma más dura —le contestó el Señor—. De ahora en adelante le voy a conceder todo lo que me pida.

❧❧❧

El padre Soárez charlaba con el Cristo de su iglesia:

—Señor —le preguntó—. ¿Tú crees que un sacerdote de Cristo debe tener opción preferencial por los pobres?

—Caramba, Soárez —dudó un poco Jesús—. La verdad, nunca he sentido preferencia por las opciones preferenciales. Mi doctrina es de amor, y el amor, como el sol, debe llegar a todos. Opción preferencial por los pobres... Y ¿dónde dejamos a la clase media?

De ahí provengo Yo. Nací en un pesebre, es cierto, pero los que hacen opciones olvidan que tal cosa sucedió porque ya no hubo sitio en el mesón. Si mis padres llegaron a una posada eso significa que tenían con qué pagarla.

—Entonces, Señor —insistió el Padre Soárez—, ¿no aceptas la opción preferencial por los pobres?

Respondió Jesús:

—La aceptaré a condición de que recuerdes que ante Dios todos los hombres son pobres.

Pensó el Padre Soárez en la pobreza de la condición humana y se dispuso a ejercer la opción preferencial por los pobres. Es decir, por todos los hombres.

෴

El padre Soárez charlaba con el Cristo de su iglesia:

—Señor —le preguntó—, ¿te gustó mi sermón de hoy?

—No estuvo mal —respondió Cristo—. Fue breve. Con eso cumpliste al mismo tiempo los preceptos de la retórica y de la caridad. Los mejores sermones, sin embargo, son los que enumera Ripalda.

El padre Soárez se desconcertó.

—No recuerdo que Ripalda haya hablado acerca de sermones en su Catecismo.

—Sí habló —le replicó Jesús—. Dijo que debemos dar de comer al hambriento, dar de beber al sediento, vestir al desnudo, dar posada al peregrino, visitar a los enfermos... Quien haga una obra de misericordia dirá un sermón superior a todos los de Bossuet y Fenelon que, dicho sea entre paréntesis, me aburrían bastante.

El padre Soárez entendió lo que Jesús quería decirle: el mejor sermón es una buena obra.

❧❦❧

El padre Soárez platicaba con el Cristo de su iglesia:

—Señor —le pidió—. Explícame por favor el problema de la libertad del hombre. Por mucho que he buscado en los teólogos no logro desentrañar esa cuestión.

—Tampoco yo entiendo bien ese problema —confesó Jesús—. Habría que preguntarle a mi Padre: él lo inventó. El problema de la libertad yo lo planteo así: Dios vota por el hombre, y el demonio vota en contra del hombre. Hay un empate. Luego vota el hombre, y eso rompe el empate. En eso, creo, consiste la libertad humana.

—¡Qué buena explicación, Señor! —exclamó con admiración el padre Soárez—. ¿Eres teólogo?

Respondió Jesús con una sonrisa:

—¡Dios me libre!

❧❦❧

El padre Soárez platicaba con el Cristo de su iglesia:

—Perdóname, Señor —le dijo humilde—. Injurié a mi prójimo. Le dije una palabra dura a uno de mis feligreses.

—Y ¿por qué vienes a mí? —le preguntó el Señor.

—Para que me perdones —respondió el padre Soárez.

—Soy el primero en el amor —le contestó Jesús—, pero en el perdón soy el segundo. Antes de buscar que

te perdone yo, debes buscar que tu hermano te perdone. Su perdón es el pase de entrada a mi perdón.

Entendió el padre Soárez la enseñanza y supo que para tener derecho al perdón divino hemos de buscar primero el perdón humano.

8 | Del dulce sentimiento amoroso, y de otras gozosas emociones

Un divertimento de Mozart puede alegrarte la mañana del domingo. ¿Qué gracia tiene eso? Mozart es capaz de alegrarte hasta la mañana del lunes. Pero que un autobús te alegre el día, eso sí tiene su chiste.

Pintado con grandes letras rojas y amarillas el camión ostentaba en su defensa este letrero: "Estoy enamorado". No decía por cuánto tiempo, ni de quién, ni por qué. Proclamaba sencillamente el milagro de estar poseído de amor, estado el más feliz, el más pleno y perfecto que el hombre y la mujer pueden alcanzar.

Si yo pudiera, llevaría en la frente, inscrita en letras de oro, esa misma proclama jubilosa: "Estoy enamorado". Pues he aquí que estoy enamorado de todo: del amor, de la vida, del cielo y de la tierra, del mar y sus pescaditos, de Dios, de sus criaturas, de las cosas sencillas, de los grandes prodigios, del mundo que veo y del que no puedo ver. Yo también soy un ómnibus enamorado, con puertas y ventanas abiertas para que entren por ellas todos los vientos —y todas las tempestades— del amor.

Un soneto por el amor de Dios

Si he de dejar el corazón tirado;
si he de morir el resto de mi vida;

119

si es necesario herir mi propia herida
y olvidar de una vez lo recordado;

si he de pasar por lo que ya he pasado
y derribar la casa construida,
y decirme mi propia despedida,
y convertirme en muerto y sepultado,
bien está: el corazón será rendido,
y me atravesaré de parte a parte,
y la memoria tornaré en olvido.

Quiero matar lo que sin Ti he vivido.
Quiero perderme, Amor, para encontrarte,
porque si no te encuentro estoy perdido.

El viejo poeta llegó al final de su vida sin haber escrito el magno poema que lo inmortalizaría.

Año tras año luchó por sacárselo del pecho. Mil veces y otras más intentó escribirlo. Pero el torpe lenguaje de los hombres no bastaba para cantar aquel canto, que algo tenía de Dios.

Le llegó por fin el fin. Se reclinó en su lecho para morir en paz. No tenía miedo de la muerte. ¿Cómo tenerlo, si nunca había tenido miedo de la vida? Sentía solamente no haber escrito su poema. A su lecho llegaron entonces su mujer, sus hijos y sus pequeños nietos. Ellos le trajeron fragancias de morias: aquel paseo en el bosque; las veladas de invierno junto a la chimenea; las noches de amor en la mañana de la juventud; la alegría de verse niño en los niños.

Casi para morir, sonrió el poeta. Se dio cuenta de pronto de que nunca, en efecto, escribió aquel maravilloso poema que llevaba dentro de sí. Pero había hecho algo mejor. Lo había vivido. Y el poeta murió plácidamente en los brazos de su poema.

❧❧❧

Eran la fe, la esperanza y el amor.

Una vez murió la fe. Entre el amor y la esperanza la hicieron revivir.

Pasó el tiempo, y un día la esperanza quedó muerta. La fe y el amor juntos la hicieron renacer.

Después murieron la fe y la esperanza. El amor hizo que ambas tuvieran nueva vida.

Pero una vez murió el amor.

Entonces murieron también la fe y la esperanza, y nada pudo hacerlas ya vivir.

❧❧❧

Hace ya muchos años viví unos días en una pequeña comunidad amish de Indiana. Los amish son un pueblo profundamente religioso. Se oponen a la guerra y a cualquier otra forma de violencia. No construyen templos; oran en casas o graneros. Y tienen otra forma de adoración: es el trabajo, por medio del cual se preserva, mejora y aprovecha la obra de la creación.

Algo me conmovió en aquella visita: las mujeres amish, que hacen hermosas colchas, ponen en ellas siempre un trozo de tela que no combina, y que se mira como un parche. Con eso expresan su idea de que la perfección sólo puede salir de las manos de Dios.

Todos llevamos en nosotros un parche que a lo mejor nadie conoce, pero nosotros sí, resto quizá de algún remordimiento o un dolor. Llevemos en paz ese remiendo: no somos perfectos. Procuremos, sí, que lo demás sea útil y bueno a los demás, como las bellas colchas de las mujeres amish.

❧❧❧

Quiero decirle un piropo a la palabra "piropo".

¡Qué linda esa palabra! El piropo es requiebro lisonjero, pero es también, apunta el diccionario, un granate "color rojo de fuego". De modo que piropear con arte a una mujer —para ellas son los piropos nada más— es regalarle una encendida joya.

Dos piropos conozco que ameritan ser piropeados. El uno se lo dijo un muchacho de veinte años a una dama de setenta que caminaba con airoso paso, muy pulcra y arreglada:

—Señora: ¡quién tuviera cincuenta años más!

El otro es de un hombre que cultivaba su jardín y que por tanto algo debe de haber tenido de poeta. Le dijo a una hermosa mujer:

—Vamos al jardín para que te vean mis rosas.

Arte masculino, posesión femenina es el piropo. Toda mujer merece uno; todo hombre tiene la obligación de decir uno.

❧❧❧

Harry Houdini, escapista prodigioso, se libraba de las sogas y las cadenas que lo ataban dentro de un baúl cerrado, y salía de su prisión indemne y victorioso. Ninguna celda nunca lo pudo retener; metido en una

caja de hierro lo echaban en el mar, y él emergía a poco entre las ovaciones de la muchedumbre.

Nadie supo jamás cómo abría los férreos candados que sellaban su clausura. Muchos años después de su muerte, acaecida en 1926, se conoció el misterio: al empezar el acto de Houdini su esposa se despedía con ternura de él —había riesgo de muerte—, y le daba un amoroso beso. Al besarlo le ponía en la boca la llave salvadora.

Y es que en verdad el beso de una mujer puede ser cosa de magia. Por él se libra el hombre de las oscuras celdas de la soledad.

Mi amigo, de visita en la ciudad después de muchos años, invitó a la anciana señora a merendar.

La llevó a un restaurante muy modesto y ahí rememoraron juntos los años, ya muy idos, en que él pretendió inútilmente a la hija menor de la señora. Luego, él le preguntó por la muchacha.

La señora le contó que a su hija no le había ido nada bien. El marido que le tocó bebía con frecuencia, no duraba en los empleos, a veces la trataba mal. Ella debía trabajar diez horas diarias para sostener la casa. La señora, bajando los ojos, le dijo a mi amigo que ahora sentía haberse opuesto a su noviazgo con la muchacha. Seguramente con él le habría ido mejor.

Mi amigo respondió que quién sabe. A él no le estaba yendo precisamente de maravilla. Había quebrado en sus negocios, le dijo, y andaba muy de capa caída. Quizás con él a su hija le habría ido peor. Además, concluyó pidiendo la cuenta, «Dios sabe lo que hace.»

Por la noche, mi amigo me contó lo sucedido mientras calentaba en la mano su copa de coñac. Nos encontrábamos en un lugar de lujo, porque mi amigo es rico. Muy rico. Es dueño de empresas en tres países, tiene una familia encantadora con la que pasa vacaciones que incluyen cruceros por el Mediterráneo, esquí en Aspen y descanso en su casa de Akumal. Pero nada de eso le dijo mi amigo a la mamá de aquella chica de la que estuvo enamorado y que lo dejó porque su familia no le veía porvenir. No quiso causar tristeza a la señora, y menos aún a la mujer que amó.

Yo le dije a mi amigo que es un sentimental.

Mi amigo se encogió de hombros, y perdiendo la mirada comenzó a beber lentamente su coñac.

⁂

Releo ahora el *Poema de Mío Cid*. Sus fuertes versos, tallados como en metal o piedra, son la primera voz de España.

Algo de pronto me ilumina. Es una frase. La dice el Cid a doña Jimena: «...*Créceme el corazón porque estades delant...*». El corazón me crece porque estás tú delante.

¡Qué palabras hermosas! Más bella declaración de amor no puede haber. En la presencia de la mujer amada el corazón de su amador se agranda, quizá para que su amor pueda caber. No recuerdo haber leído en toda la literatura romántica una frase tan romántica. El romanticismo, que es siempre una exageración, está en esa preciosa hipérbole del Cid.

Voz inaugural de España es el Poema del Cid. Y ese cantar primero es un cantar de amor. Amor a la tierra

y amor a la mujer. Quizá en el fondo sean las dos un mismo amor.

Ahora que es domingo escucho los viejos discos de mi colección. (Sé tan poco de música que puedo disfrutarla.) Oigo la voz de John McCormack, clara como la del arcángel de la Anunciación, decir las canciones de su natal Irlanda. La que en estos momentos me llena con su letra y su música es una canción a la mujer amada:

«... Créeme: si esos encantos tuyos de juventud que ahora con tanto amor contemplo, desaparecieran con los años y se desvanecieran en mis brazos como una sombra, a pesar de eso yo te seguiría amando igual que hoy te adoro. Deja que tu belleza huya: en torno de las amadas ruinas vagará mi corazón, y cada latido suyo te seguirá perteneciendo...».

Yo amo esta canción que canta al verdadero amor, al que triunfa sobre las apariencias de la vida y sobre las sombras de la muerte.

Iba la lechera con su cántaro. Con la leche que vendería, pensaba, compraría huevos que le darían pollos que le darían gallinas que le darían terneras que le darían vacas que le darían una casa que le daría un marido.

Tal pensamiento puso en la lechera una sonrisa tan hermosa que cierto joven que pasó por el camino se prendó de ella. La pidió en matrimonio y se casaron. Y no sólo la lechera tuvo marido y casa y vacas y ter-

neras y gallinas y pollos y huevos y leche y otro cántaro, sino que además fue muy feliz.

Esta fábula, contada así, al revés, tiene una provechosa moraleja: en cosas del amor el orden de los productos no altera el factor.

❧❧❧

Manolo Megías —con "ge"— se llama este torero (le dicen "Bienvenida"); está en su cama, herido por cuerno de toro. Su peón de más confianza tiene humos de poeta, y con una copla improvisada presenta a las guapas y rumbosas mujeres que van a visitar al diestro:

> Manolo: tienes aquí
> esta rosa, que es la reina
> de las rosas de Madrí.

Llega una muchacha pobre. Y el poeta:

> Manolo: mira este nardo.
> ¡Quién fuera bucarito
> para guardarlo!

—¿No se acuerda usted de mí? —le pregunta la muchacha al torero—. Vine a Madrid con mi hermano más pequeño. Dos días teníamos ya sin comer. Usted nos vio en la calle. Ordenó que nos dieran comida y alojamiento, y luego me consiguió un trabajo. Rezo siempre para que sea el mejor torero.

—Señorita: yo lo único que quiero es tener a mi madre hecha una reina.

—La tendrá, porque es un hombre bueno.

Se va la muchacha. Y dice el peón poeta, conmovido:

—¡La Macarena, que ha venido a verte!

❧❧❧

¿Cuántos años ya tienen de casados? Seguramente más de medio siglo. Los miro pasar por la ventana de mi casa: van al cercano parque, igual que cada día al declinar la tarde. Caminan despacito. Así, despacio, darán dos vueltas en torno del pequeño jardín. Van siempre de la mano, como cuando eran novios hace mucho tiempo; pero ahora van así para cuidarse el uno al otro, para sentir si el compañero va a caer y darle apoyo.

Muchos hablan del amor joven, del que es todo ilusión y todo fuego. Yo digo del amor que se torna más amoroso con los años; del que convierte a dos en uno solo y los funde en pensamientos y palabras.

Los miro ahora. Ya vienen de regreso. De muchas partes vuelven: de la alegría y la pena; de la esperanza y la resignación; de las victorias pequeñitas y de los sueños que nunca se cumplieron. Regresan los dos juntos. Llegará el día en que uno de los dos se irá. Pero ni aun esa separación podrá apartarlos: en el recuerdo y el amor seguirán juntos hasta el día de la alegría y la esperanza, de la gran victoria final.

—¡Caray, qué hermosa eres!

Él dice esas palabras, y ella sonríe. Luego, él pone su mano sobre la mano de ella, y basta ese leve roce para decir lo que ningún idioma alcanzaría a declarar.

No están los dos en un lugar romántico, por ejemplo, un restorán de lujo con flores en la mesa y velas encendidas. Ni él es un apuesto galán ni ella una hermosa chica en plenitud de edad. Están en la cocina de

la casa donde han vivido durante cuarenta años. Él es un jubilado, y ella, su esposa, es abuela de doce nietos ya. Pero él la mira y la encuentra igual de bonita que aquella noche cuando se vieron por primera vez.

Miremos esta imagen, pues es la imagen del verdadero amor. Un amor así no necesita de nadie que lo cante. Es el amor que al paso de los años se ha vuelto más amor. Durará hasta el final de la vida. Y cuando estos dos perfectos amantes salgan de ella, no harán sino pasar de un cielo a otro.

❧❦❧

Este hombre fue rico alguna vez. Todos los días pasa por mi calle. De vez en cuando llama a nuestra puerta y nos pide papel periódico y cartón que vende luego por unos cuantos pesos.

Mi padre me hablaba de él. Fue dueño de tierras y de casas; tenía más dinero que el que podía contar. Sus hijos le acabaron la fortuna. Le pidieron su herencia y la dilapidaron, pero ninguno fue como el hijo pródigo, que al menos regresó a pedir perdón. Ellos lo abandonaron cuando no tuvo ya qué darles.

Ahora vive solo, sin familia ni amigos. Tres males sufre: vejez, pobreza y soledad, pero conserva su dignidad entera. Cuando le damos el papel, pregunta siempre: «¿Cuánto es?». Le decimos que nada, y él se lleva la mano al ala del sombrero para agradecer.

Un día me recitó una copla: «Es muy verdadera», comentó.

La copla dice así:

> Al pie de un árbol sin fruto
> me puse a considerar

qué pocos amigos tiene
el que no tiene qué dar.

❧❧❧

Ha llegado la noche, y voy a cerrar la ventana que da al huerto. Está lleno de luciérnagas. Parece que las estrellas se han sacudido el polvo del camino y que su polvo de luz ha caído en mi solar.

Ahora la noche es mágica por la visión de esa miríada de diminutas esmeraldas. El aire, suspendido en sí mismo, se queda quieto y no turba el prodigio silencioso.

Para decir su amor se encienden las luciérnagas. Su resplandor me enseña que el amor ilumina no sólo a quien lo lleva, sino también a todos los que están alrededor.

9 Para terminar, me habría gustado conocer...

Me habría gustado conocer a don Eduardo de la Mora. Este señor tuvo tierras que colindaron con las de mis ancestros. Las cultivaba poco, pues no era su afición la agricultura. Lo suyo era la música: tocaba con gran arte la guitarra y un instrumento que ya no se conoce, la mandolineta. Componía canciones dedicadas a todas las muchachas del rancho, feas y bonitas. Tenía valses llamados "Petra" o "Juana"; danzas con nombres como "Eufrosina", "María de la Paz" y "Presentación", que también es nombre de mujer.

Un vecino le puso pleito a don Eduardo. Alegaba que unas labores suyas eran de él. Don Eduardo se defendió. Durante muchos meses dejó guitarra y mandolineta y se aplicó al estudio de los códigos. En la ciudad hurgaba en los archivos y sacaba polvosas escrituras. Al final, ganó el pleito. Cuando tuvo sentencia favorable fue con su adversario y le vendió las tierras a la quinta parte de su valor, con la condición de que él sí las trabajara. Le pidió el dinero en billetes de 10 y 20 pesos; subió al campanario de la iglesia y a la salida de la misa lanzó los billetes al aire, a ver a quién le caían. Luego volvió a su guitarra y a su mandolineta.

Me habría gustado conocer a don Eduardo de la Mora. Solía decir: «Cuando me muera voy a tener la única tierra que realmente necesito.» Y decía bien.

Mi tía Conchita tenía una inquietud muy grande que le quitaba el sueño. Se preguntaba si su mamá, que murió joven, la iba a reconocer allá en el Cielo.

—Yo ya soy vieja —nos decía con aflicción—. Era casi una niña cuando murió mi madre. Ella no va a saber quién soy.

Acabo de encontrar una hermosa frase de San Agustín. Ahí dice el filósofo cómo serán las almas en la presencia de Dios. *Erunt sicut musica,* "serán como música". Es decir, tendrán la belleza incorpórea que la música tiene.

Me habría gustado conocer esa frase cuando vivía aún mi tía Conchita. Se la habría dicho, y eso la habría tranquilizado. A mí, al menos, me llena de gozo la posibilidad de convertirme alguna vez en música.

Los novilleros son muchachos que se juegan la vida para merecer la oportunidad de jugarse la muerte.

Me habría gustado conocer a uno. Del tiempo de Lagartijo, le pidió al famoso diestro que lo recomendara para torear en la plaza de Madrid. Lagartijo se negó al principio, pero el muchachillo recurrió a una tía muy querida del torero, y por instancias de ésta al fin dio la recomendación. Muy a tiempo buscó el maletilla la intervención de la señora, pues pocos días después ésta murió.

El día de la corrida, presente en la plaza Lagartijo, le salió al muchacho un novillo bravo, celoso y de imponente encornadura. Sufrió lo indecible el pobre chico para torear al áspero animal. A duras penas se

libró de los derrotes asesinos que por todos los lados prodigaba. En esas condiciones tirarse a matar era casi tirarse a morir. Se perfiló el muchacho, pero antes de ejecutar la suerte volvió la cara hacia donde estaba Lagartijo y le preguntó en voz alta:

—¿Argún recao para su tía, mataó?

Me habría gustado conocer a aquel muchacho. Por lo que hace a la muerte, no temerla es la mejor manera de vencerla.

Me habría gustado conocer al tío Alberto.

Los padres de un sobrino suyo lo pusieron a su cuidado. La esposa del tío Alberto tendía a la severidad. Cuando el chiquillo hizo la primera travesura le dijo a su marido:

—Tendrás que usar el cinturón.

El tío Alberto condujo a su sobrino —entonces de 7 años— a su despacho. Se quitó el cinturón y le dio una docena de terribles azotes... a la silla de su escritorio. Volvió después llevando al niño de la mano y dijo a su señora:

—Usé el cinturón. Estoy seguro de que Andresito ha aprendido la lección.

Aquel pequeño se llamaba Andrés Segovia. Llegaría a ser el guitarrista más grande que ha existido. En sus memorias cuenta que, en efecto, aprendió la lección, pues era lección de amor y de bondad. Con eso se consigue más que con los golpes.

Me habría gustado conocer al tío Alberto. Sabía cómo educar a un niño.

Me habría gustado conocer a Juan XXIII, llamado "el Papa Bueno".

Tuvo esa gran sabiduría que nace de la bondad, a la cual añadía un travieso ingenio seguramente derivado de su origen campesino.

Un día el arquitecto del Vaticano sometió a su consideración los planos de un nuevo y pequeño departamento para el Papa en su quinta de descanso veraniego. Al día siguiente, el Pontífice le devolvió los planos con una inscripción latina puesta de su puño y letra: *Non sumus angeli*. Traducida, esa inscripción quería decir: "No somos ángeles". No la entendió al principio el arquitecto, hasta que se dio cuenta de que no le había puesto baño al departamento.

Me habría gustado conocer a Juan XXIII, el Papa Bueno. Tenía sentido del humor. Eso lo hacía aún más bueno.

☙❦❧

Me habría gustado conocer a un almirante italiano cuyo nombre no pude averiguar.

Eva Perón, por aquellos años en la cima de su poder y su popularidad, hizo un viaje a Italia. Se quejó con el almirante, encargado de atenderla, de que en la estación del ferrocarril alguien le había gritado: «¡Puttana!».

—No haga caso, señora —la tranquilizó el almirante—. Ya ve cómo es la gente. Mire usted: hace quince años que yo no me subo a un barco y todavía me siguen diciendo almirante.

Me habría gustado conocer a ese hombre. Entendía muy bien la naturaleza humana, que jamás recuerda algunas cosas y nunca olvida otras.

❧❀❧

Me habría gustado conocer a mister Evans, odontólogo norteamericano. Fue el dentista de Eugenia de Montijo, la bella esposa de Napoleón III. Para ella inventó unos polvos cuyo secreto a nadie reveló, que mantenían siempre blanca la dentadura de la soberana.

Cuando los prusianos, vencida Francia en la guerra del 70, entraron en París, mister Evans sacó a la reina con riesgo de su vida y la llevó a Inglaterra. El peligro fue grande, pues Eugenia insistió en llevar consigo sus joyas, valores y obras de arte, y hasta su rica colección de abanicos.

El doctor Evans era bajito de estatura y usaba unas patillas que le daban aspecto de cochero. Parecía un gnomo al lado de aquella espléndida mujer que lo llevaba consigo como se lleva a un falderillo.

Pasaron los años, y le llegó a Evans el día de la muerte. Sus últimas palabras fueron éstas:

—Ahora ya puedo decirlo. La amé siempre.

Me habría gustado conocer a mister Evans. Supo que hay amores que nadie jamás debe saber.

❧❀❧

Me habría gustado conocer a lord Ashley Ferguson. En una carta Óscar Wilde habló de él. Dijo que tenía ingenio «a pesar de ser inglés.»

Después de una vida dedicada a la caza, al whisky y a la conquista de mucamas, actividad en la cual destacó por encima de sus pares, lord Ferguson se dispuso a morir. En su lecho de muerte lo auscultó un doctor.

—No va a morir —dijo a la familia congregada en la habitación—. Tiene los pies calientes, y nadie ha muerto nunca con los pies calientes.

Lord Ferguson abrió un ojo y preguntó:

—¿Y Juana de Arco?

Ésas fueron sus últimas palabras. Murió poco después, con una sonrisa entre los labios. ¿Se la inspiró el recuerdo de sus cacerías, el whisky o la memoria de las muchachas de servicio que abrazó? Quién sabe. A lo mejor reía su gracejada final. No está mal para nadie, ni siquiera para un inglés, despedirse con buen humor del mundo.

❧❧❧

Me habría gustado conocer a la monjita sin nombre de que habla don José María Iribarren en su sabrosísimo "Batiburrillo navarro". Se celebraba una toma de hábitos en cierto convento —de Claras o Benitas, don José María no recordaba bien—, y aquella religiosa era la organista. Al terminar el solemne oficio, cuando salían las profesas, la sor se soltó a todo trapo tocando el Himno de Riego, marcial música de los jacobinos comecuras.

El obispo, presente en la capilla, se enojó mucho. Hizo llamar a la monjita y le preguntó por qué había interpretado aquella marcha.

—Señor —explicó desconcertada la hermanita—. Todos los jueves toca la banda municipal en el kiosco de la plaza. Alcanzo a oír la música, y se me pegó la de ese himno tan bonito.

—¿Y no sabe usted —inquirió ceñudo Su Excelencia— que es el himno de los enemigos de la Iglesia?

—Lo ignoraba, señor —respondió la monjita—. Pero la música es la música.

Me habría gustado conocer a esa anónima artista. Sabía que por encima de todas las religiones y todas las políticas está la suprema verdad del arte y la belleza.

❦

Me habría gustado conocer a Samuel Goldwyn, director de cine. Es autor de una colección de frases entre las más absurdas, y por lo tanto mejores, que se han pronunciado en este mundo:

«Un contrato verbal vale menos que el papel en que está escrito.»

«Incluidme fuera de esa lista.»

«¿Que no podemos filmar esta historia porque la protagonista es lesbiana? ¡Carajo, pues conviértanla en americana!».

(Leyendo la publicidad de una de sus películas): «... "Todo el colosal y portentoso talento creador de Samuel Goldwyn, el máximo genio del cine, en una obra maestra con el sello de su arte imperecedero y su avasalladora personalidad...". Muy bien. Es el género de publicidad que más me gusta. Nada de exageraciones; puros hechos...».

Me habría gustado conocer a Samuel Goldwyn. Tenía sentido de lo absurdo, el mismo sentido que tienen los artistas, los santos y otras especies de privilegiados locos.

❦

Me gustaría haber conocido a don Isidro Vázquez de Mendoza.

Nació en Madrid —el nombre lo proclama— a principios del pasado siglo. Joven aún, de 21 años, contrajo uno de aquellos matrimonios que se estilaban en su tiempo, arreglados por los padres de los novios atendiendo a cuestiones de interés.

La esposa de don Isidro Vázquez consideraba que su familia había hecho favor a la de su marido al dársela como mujer, y entonces lo hacía objeto de malos tratos, y lo menospreciaba de continuo ante la gente, y en lo privado más.

Pasaron veinte años de esa vida. Una noche salió de su casa don Isidro y ya no regresó. Su mujer halló sobre la mesa unas cuantas monedas. «Es el valor de lo que traigo puesto —decía un pequeño recado—. No me llevo otra cosa, aparte de mi libertad».

Tiempo después una cuñada de la señora le dijo que le había parecido ver a Isidro en un pueblito de Galicia. Acompañado de una robusta campesina arreaba un par de vacas.

—Dime una cosa —preguntó la cuñada—. ¿Isidro cantaba?

—Jamás lo oí cantar.

—Iba cantando.

❦

Me habría gustado conocer a don Ramón Menéndez Pidal. De un siglo casi fue su vida: vivió 99 años, 80 de los cuales dedicó al estudio de las letras y el habla de su España. Dicen que unos momentos antes de morir suspiró con tristeza: «¡Lástima! ¡Tantos libros que me quedaban por leer!».

Casó en flor de edad con la novia de su juventud, María Goyrri, que gustaba de las mismas cosas que él. Su luna de miel la pasaron recorriendo a pie, a lomo de mulas, en carreta, los más antiguos pueblos de las dos Castillas. Ahí recogieron de viva voz de aldeanos un rico acervo de versos medievales, rica tierra de donde luego brotaría aquella hermosa "Flor nueva de romances viejos".

Don Ramón tenía un lema: «Lo mejor a los más». Decía que se debe buscar la excelencia para comunicarla después a nuestro prójimo.

Me habría gustado conocer a Menéndez Pidal. Hizo de sus estudios una tarea de amor a lo suyo y a los suyos. Vivió mucho don Ramón; vivió muy bien.

Me habría gustado conocer a don Domingo de Valcárcel. Consejero del marqués de Croix, virrey de la Nueva España, este señor tenía el defecto mayor que suelen tener los asesores: le gustaba asesorar.

El virrey oía entre bostezos sus largas y prolijas recomendaciones. Para distraerse, mientras hablaba don Domingo él jugueteaba con un perrito que tenía. Una vez el ceñudo Valcárcel se molestó por eso y le pidió al virrey que dejara al perro y lo atendiera a él.

—En todo estoy —respondió el virrey.

Y siguió jugando con el animalito. No lo pudo sufrir aquel estólido covachuelista. Agarró por una oreja al perrillo y lo arrojó por la ventana al patio.

—No es tiempo de jugar —dijo al virrey—, sino de atender a los negocios del servicio.

El presbítero José Mariano Dávila cuenta ese rasgo de don Domingo, antepasado suyo, y dice que pone de manifiesto «su atenta dedicación al desempeño de sus deberes.»

Yo, que amo a los animales —sobre todo a los perros—, quisiera haber conocido al tal Valcárcel para cogerlo de una oreja y echarlo por la ventana al patio.

❧❧❧

Me habría gustado conocer a don Luis Vargas de Macedo. A los 60 años de su edad renunció a sus posesiones y se hizo pescador en el Cantábrico. Dijo que ya había vivido mucho tiempo en la tierra: ahora quería vivir en el mar, «que es cielo convertido en agua.»

Rico, se volvió pobre. «No quiero tener ni el recuerdo de lo que he tenido.» Fumaba su pipa con los pescadores, y vendía con ellos su pescado. Sólo se permitía un descanso anual, el de los días de la Semana Santa. Entonces iba a Santander y participaba en los oficios de la Pasión. «En los de la pasión ya participé bastante», explicaba.

La gente sencilla quería bien a don Luis Vargas de Macedo. Un pescador le puso a su barca "La Luvama", nombre formado con las primeras letras de su nombre y apellidos. «Mejor esta condecoración que la de Alfonso XIII», dijo él.

Cuando tenía 70 años murió don Luis. Lo hallaron ya sin vida en su cabaña. Dicen que sonreía muerto igual que había sonreído vivo. Los niños que fueron a verlo en su ataúd también sonreían al verlo.

Me habría gustado conocer a don Luis Vargas de Macedo. Supo de la pasión, y supo también de la Pasión. Esa es sabiduría humana y es también sabiduría divina. Pocos son los que saben de las dos.

Me habría gustado conocer a Billy Moyers, asesor en asuntos religiosos de Lyndon B. Johnson cuando éste fue presidente de los Estados Unidos.

Ofreció Johnson una comida en la Casa Blanca a ministros de diversas iglesias, y le pidió a su colaborador que dijera la acción de gracias. Se puso en pie Bill Moyers y empezó a decir la oración en voz tan baja que Johnson no lo podía oír.

—¡Más fuerte, Bill, más fuerte! —le gritó desde el extremo de la mesa—. No te escucho.

—Señor Presidente —respondió Bill Moyers—. No estoy hablando con usted.

Me habría gustado conocer a Billy Moyers. Sabía que no es necesario que nuestra oración la oigan los hombres.

Me habría gustado conocer al "Petit" Iturribarría, de Oaxaca.

Maestro del Instituto de Ciencias y Artes del Estado, fue linda lengua en la tribuna y en la cátedra. Se-

cretos dolores del alma lo hicieron buscar en el alcohol remedio para su soledad, pero las ebriedades del cuerpo nunca alcanzaron a quitarle el decoro del espíritu.

Dio en querer a los perros con franciscano amor. Salía por las noches llevando un canasto de pan. «Tengan, hermanos» —decía con suave voz. Y prodigaba el alimento al concurso de canes callejeros que lo seguían como a apóstol.

Cierta noche el gobernador Chapital, de juerga con amigos, disparó por broma su pistola contra los perros del "Petit" y mató a uno. Al día siguiente "Petit" renunció a la cátedra de donde obtenía su pobre sustento: no quería recibir sueldo de un gobierno que tenía tal gobernador. Hubo indignación y pesar entre los oaxaqueños, que amaban al "Petit". Chapital le ofreció una casa como compensación por el perro y para que volviera a su clase. El "Petit" rechazó el obsequio. Volvió al Instituto sólo cuando el gobernador, acabada su gestión, se fue de la ciudad.

Vuelvo a decirlo: me habría gustado conocer al "Petit" Iturribarría, de Oaxaca. Amaba a los perros y conocía a los hombres.

Me habría gustado conocer a don José, uno de los amables locos que tuvo Culiacán en los primeros años del siglo pasado.

Peregrina locura era la de don José, llamado "el de las rúbricas".

—Oiga, señor —le decía alguien—. Mis amigos y yo queremos una firma, de las baratitas.

—Muy bien —accedía él—. Ahí va una de a centavo.

Y trazaba en el viento, con pluma imaginaria, algunos breves trazos invisibles.

En ocasiones, el cliente era algún rico antojadizo.

—Quiero una firma de a peso.

Entonces don José hacía en el aire una historiada rúbrica llena de garambainas y volutas, exornada con puntos, tildes, espirales, subrayados enérgicos, signos de admiración, comillas y toda suerte de extravagantes garabatos. Varios minutos duraba aquella signatura. Para hacerla, el firmante corría de un lado a otro de la habitación, saltaba, se agachaba hasta el suelo o daba súbitos brincos a fin de alcanzar un elevado rasgo. Terminaba agotado y acezante.

Me habría gustado conocer a don José. Yo también me dedico a escribir en el aire, como él.

Me habría gustado conocer a Israel ben Eliezer, llamado Baal Shem Tov.

Nació en Ucrania, en 1700, y vivió justamente 60 años. Quiero decir que vivió 60 años justamente. Carnicero, maestro, sanador, encargado de una taberna, Shem Tov hizo un hallazgo filosófico: descubrió la santidad de la vida. «No existe un solo grado del ser —escribió— en que no haya una chispa de lo divino. Todo el mundo es casa de oración.»

Shem Tov profesaba la religión de la alegría. En eso consistió —señala Martin Buber— su misticismo cotidiano: en celebrar la vida con jubiloso espíritu. Nos enseñó a ser compasivos y amorosos con quienes viven junto con nosotros en este templo, el mundo.

El 22 de mayo de 1760 murió Eliezer. Sus últimas palabras, dichas a su familia que rodeaba el lecho, fueron éstas: «No tengo preocupación. Sé que salgo por una puerta para entrar por otra.»

Me habría gustado conocer a Baal Shem Tov. Conocía la fuente de la vida, por eso no temía a la muerte.

ESTA EDICIÓN SE TERMINÓ DE IMPRIMIR
EL 3 DE MAYO DE 2005
EN IMPRESORA ROMA, S.A.
TOMÁS VÁZQUEZ NO. 152,
COL. AMPLIACIÓN MODERNA
08220, MÉXICO, D.F.

ESTA EDICIÓN SE TERMINÓ DE IMPRIMIR
EL 3 DE MAYO DE 2005
EN IMPRESORA ROMA, S.A.
TOMÁS VÁZQUEZ NO. 152,
COL. AMPLIACIÓN MODERNA
08220, MÉXICO, D.F.